理解媒介环境学

U̲nderstanding Media Ecology

梁颐 著

图书在版编目（CIP）数据

理解媒介环境学 / 梁颐著. —北京：北京大学出版社，2020.10
（传播学论丛）
ISBN 978-7-301-31631-3

Ⅰ.①理… Ⅱ.①梁… Ⅲ.①传播媒介—研究 Ⅳ.①G206.2

中国版本图书馆 CIP 数据核字(2020)第 177992 号

书　　　名	理解媒介环境学 LIJIE MEIJIE HUANJINGXUE
著作责任者	梁　颐　著
责 任 编 辑	武　岳
标 准 书 号	ISBN 978-7-301-31631-3
出 版 发 行	北京大学出版社
地　　　址	北京市海淀区成府路 205 号　100871
网　　　址	http://www.pup.cn
新 浪 微 博	@北京大学出版社　@未名社科-北大图书
微信公众号	北京大学出版社　北大出版社社科图书
电 子 邮 箱	编辑部 ss@pup.cn　总编室 zpup@pup.cn
电　　　话	邮购部 010-62752015　发行部 010-62750672 编辑部 010-62753121
印 刷 者	北京虎彩文化传播有限公司
经 销 者	新华书店 730 毫米×980 毫米　16 开本　13.75 印张　183 千字 2020 年 10 月第 1 版　2023 年 8 月第 2 次印刷
定　　　价	42.00 元

未经许可，不得以任何方式复制或抄袭本书之部分或全部内容。
版权所有，侵权必究
举报电话: 010-62752024　电子信箱: fd@pup.pku.edu.cn
图书如有印装质量问题，请与出版部联系，电话: 010-62756370

序　言

有很多很好的理由可以说明，梁颐的《理解媒介环境学》是中国媒介环境学研究领域的一项优秀的成果。作为起源于北美的一种学术传统，媒介环境学是一门研究文化、传播和技术之间的共生关系的学科。自19世纪西方环境运动开始，媒介环境学从众多学科中汲取养料开始发展。20世纪初以来，北美传播学领域的大多数研究都倾向于研究传播媒介的作用和影响，尤其是新闻和娱乐媒介，因为它们涉及内容、表现形式、经济或所有权等。然而，媒介环境学关注的是将媒介理解为物质的、感性的、象征性的环境或结构，并认为人们通过使用媒介技术建构意义。媒介环境学试图阐明传播技术的变化如何促进了社会和文化的变迁，反之亦然。

梁颐的《理解媒介环境学》的一个卓越的特质是，这本书是对一个非常迷人，但是在中国又相对较新的学科的非常好的研究和书面概述。媒介环境学研究作为一个理论体系，是一个复杂的网络，涉及庞大的背景、复杂的现状和诸多概念。书中呈现了大量有关媒介环境学的思想，不仅为读者描述和解释了大量的理论，而且同样重要的是，展现了提出这些理论的关键人物及当时的社会历史条件。

这本书值得称赞的一个优点，就是它将讨论的主题组织得结构清楚、易于遵循。例如,在清晰、缜密地介绍了媒介环境学的知识来源和主要论题,以及媒介环境学和西方其他主要传播学研究领域的关系之后,书中对"媒介环境学研究的北美传统"和"媒介环境学研究的中国传统"之间可能缠绕的相关问题进行了比较研究,从另一个角度说明这两种传统从各自的视角出发,在理解媒介和文化上有何不同。关于这方面的论述,梁颐非常强调一点,即从思想史的角度去理解理论建构的本质和过程的重要性。此外,这方面的比较分析,也有助于阐明过去十年来中国的媒介环境学研究发生的一些变化和新的发展。

梁颐系统地描述、分析并反思了一些屹立在媒介环境学万神殿中的关键人物,并以学者传记的方式加以叙述、呈现。这样一来,读者便可以清晰、明了地了解北美媒介环境学的知识起源,并弄清楚一代代思想家的思想及其背后的各种理论流派。特别值得一提的是,梁颐讨论了每一位领军人物的知识体系的源头、所掌握的特定领域的专业知识,以及为媒介环境学研究做出的独特贡献。这些学者形成了一个密切合作的群体,他们的学术作品为媒介环境学在西方和中国的传播学领域的显著发展做出了贡献。此外,梁颐的讨论还清楚地呈现了各种关键的学术机构和出版机构促进媒介环境学发展的重要事件,以及媒介环境学研究北美传统可能在中国的社会、经济、政治和文化环境中发挥的作用。她以自己的研究成果中大量非常有用的细节丰富了书中的这个部分。

本书的另一个卓越之处是,在最后几章,梁颐提供了她整合和分析的大量理论性概念或主题,如各种围绕技术决定论的争论、不断发展的媒介技术,以及媒介技术作为人类感觉中枢的延伸和作为改变人类环境的"代理人"是如何被概念化的。

几年前,梁颐通过电子邮件向我请教媒介环境学研究中的问题,以及我个人在西方媒介环境学发展中的作用，我们就此相识。我仍然对她当时提出的问题，以及这些问题背后敏锐的思维，留有非常深刻的印象。从那时起，梁颐就开始和我讨论北美媒介环境学传统在中国的接受和理解问题。其中一个值得关注的问题是"Media Ecology"一词是如何被翻译成中文的，以及由此引发的有关不同译名之优点的争论。我必须承认，虽然我与中国和世界各地志同道合的研究者有广泛的联系和沟通，但是梁颐和我分享的一些信息有助于我进一步理解跨文化传播、创新传播、新思想等问题。这是一件非常好的事情，我们正在进行的互动使我更清晰地理解了梁颐这本书的概念体系及她的思考背后的原因。更重要的是，读者将从梁颐对媒介环境学二元文化的理解中受益良多。

还有，非常值得提及，也是非常有意义的一点是，梁颐的书很适合在校大学生阅读。在这本书中，学生们可能会发现一些有价值并可以直接应用的知识。如果该书被广泛使用，例如成为中国新闻、媒介或传播学课程的教材，那么，它很可能会进一步推动中国媒介环境学的主流化。在知识社会学中，标准教材长期以来一直在培育下一代学生、学者和实践者方面发挥着关键作用，并有助于其所研究的学科或领域作为"常规科学"的合法化。

梁颐的书富有洞察力地为读者介绍和分析了媒介环境学的诸多关键概念、理论背后的理论家、理论提出的历史背景，以及媒介环境学如何能被更好地理解，以应用于中国传播领域中出现的一些新问题。同时，我想向读者强调的是，媒介环境学要持续不断地与传播学及传播学以外的各个研究领域建立联系，进而将这种联系延伸到人们日常交流的各个方面，这是非常重要的。

例如，迄今为止，媒介环境学很少与跨文化传播联系起来。但是，至少在我看来，媒介环境学中的诸多理论或概念都与跨文化传播密切相关。它们不仅是企业或国际咨询公司的研究内容，而且是文化日益多元的社会中的日常实践内容。媒介环境学的一个经典概念是"浮士德交易"，或者更委婉地说，是由不同的媒介或传播形式带来的"交易"。每一种媒介都有自己的偏向，即长处和短处。从这个角度来看，我们可以设想这样的实验：安排两个来自不同文化背景的少年，让他们在两种场景下互动，一种是纯粹的线上互动，另一种是寄宿家庭环境中的互动，时间长度都是三个月。我们希望看到两种场景的相对优缺点。也就是说，重要的不是这两个少年是否能学到跨文化的东西，而是他们实际经历了什么以及两种不同的传播场景在他们的跨文化体验中可能扮演的角色及背后的原因。

此外，媒介环境学也可以帮助人们较为顺利地理解代际交流。从某个角度来看，对口头传播和书面传播之间的对比研究，关注的是使用几代主流媒介的人类的传播，比如从口头传播到书面传播，从书面传播到印刷术，从印刷术到电子媒介，从电子媒介到数字王国。这本书的读者将要学到的概念，能够帮助他们更好地理解跨代交流。这不仅是一个学术问题，而且是一种出生、成长在不同的媒介环境的家庭成员之间进行沟通时的个人体验。

再举一个例子，媒介环境学的兴起与媒介教育、媒介素养有着非常密切的关系，就像我在不久前的探索中发现的那样。人类见证了几个世纪以来日益快速发展的各种各样的传播技术。随着互联网的兴起和各种电信技术的普及，能够接触到当代媒介的人可以越来越容易地与他们以前不认识的人、不了解的地方和文化联系在一起。我们可以把这种现象称为"全球互联互通"。然而，尽管各行各业的人都在享受技术发展带来的好处，可是在生活中，他们也面临着许多与社会、经济、政治和文化变化有关的问题：身份信息被盗、网络隐私被侵犯、不断使用社交媒介导致注意力分散等。上述问题只是我们需要解决的众多问题中的一部分。因此，本书的读者可能会发现，在帮助人们更好地理解日常生活中面临的一些潜在问题时，一些媒介环境学的概念十分有用。

总之，梁颐的《理解媒介环境学》是一本结构缜密、内容丰富、叙述清晰的介绍性读物。它是关于媒介环境学这个特定领域，尤其是该领域的一些关键概念、主要思想家及其学科知识起源的探讨的一项优秀研究成果。关于源自北美的媒介环境学如何能在中国的社会、经济、政治和文化背景中被更好地应用，本书也进行了深入而全面的探讨。

林文刚
威廉·帕特森大学传播学教授
媒介环境学会联合创始人、创会副会长
2019年4月于美国纽约

目　录

第一章　媒介环境学的基本问题 …………………………………… 1
　第一节　媒介环境学的研究对象与内容 ………………………… 1
　第二节　媒介环境学深层的理论命题 …………………………… 7
　第三节　媒介环境学的学科地位 ………………………………… 9
　第四节　媒介环境学派与媒介生态学的比较研究 …………… 11

第二章　媒介环境学先驱及其思想 ………………………………… 20
　第一节　帕特里克·格迪斯：人类生态学之父与
　　　　　媒介环境学创始人 …………………………………… 20
　第二节　刘易斯·芒福德：构建于城市研究中的传播思想 …… 25
　第三节　苏珊·朗格：符号思想与媒介环境学理论构建 …… 35

第三章　媒介环境学第一代主要代表人物及其思想 ……………… 42
　第一节　埃里克·哈弗洛克：与麦克卢汉齐名的学者 ……… 42
　第二节　哈罗德·亚当斯·英尼斯：帝国与传播的偏向 …… 48
　第三节　马歇尔·麦克卢汉："马赛克"式的观点 ………… 53

第四节　伊丽莎白·爱森斯坦：媒介技术是"代理人" …… 60

第四章　媒介环境学第二代主要代表人物及思想 …… 65
第一节　尼尔·波斯曼：媒介技术统治下的反思 …… 65
第二节　沃尔特·翁：口语文化与新媒介研究 …… 76
第三节　克里斯琴·尼斯特洛姆：媒介环境学科思想和
　　　　制度的建设者 …… 84

第五章　媒介环境学第三代主要代表人物及思想 …… 91
第一节　保罗·莱文森：数字时代的麦克卢汉 …… 91
第二节　林文刚：中西方学术沟通的桥梁 …… 96
第三节　兰斯·斯特雷特：电子媒介塑造全新的环境 …… 103
第四节　雅克·艾吕尔：从神学的角度反思技术 …… 109
第五节　埃里克·麦克卢汉：马歇尔·麦克卢汉学术
　　　　思想的守护者与突破者 …… 114

第六章　媒介环境学学者与技术决定论 …… 125
第一节　媒介研究中对技术决定论的界定 …… 127
第二节　媒介环境学者缘何被认为是技术决定论者 …… 130
第三节　媒介环境学派代表人物与技术决定论的关系 …… 133

第七章　新媒介环境中的人类生存 …… 141
第一节　新媒介环境中信息"提取"的变化 …… 141
第二节　新媒介环境中权力状况的变化 …… 147

第八章　媒介环境学观照下的媒介未来发展 …………………… 153
　　第一节　广播、电视和书籍的命运与未来发展 ………………… 153
　　第二节　未来媒介的特征 ………………………………………… 173
　　第三节　未来媒介对人类的延伸 ………………………………… 180

附录1　莱文森的媒介探索之旅（莱文森教授音频文字版）………… 191

附录2　麦克卢汉的思想糖果店（莱文森教授视频文字版）………… 198

后　记 ……………………………………………………………… 207

第一章 媒介环境学的基本问题

第一节 媒介环境学的研究对象与内容

一、媒介环境学概念的诞生

媒介环境学（Media Ecology）作为术语，诞生于20世纪60年代末。创造这个术语的是美国学者尼尔·波斯曼（Neil Postman）。

关于媒介环境学的历史，研究者公认的事实是，媒介环境学从1968年开始成为一个学术论域的名称。在当年召开的美国英语教师协会理事会会议上，波斯曼第一次在公开场合谈论了这个概念。在讲话中，波斯曼界定了"Media Ecology"的研究方向，也可以说是定义了它的"终生"：媒介环境学是把媒介当作环境的研究。后来，讲话稿正式发表，题目是《改革后的英语课程》（"The Reformed English Curriculum"）。

波斯曼在他的定义中强调了两层意思：

其一，他点明了媒介环境学研究的对象，就是媒介（技术）。

其二，他借助这个定义表明：媒介与环境是"等同"的关系，媒介可以被当作环境。

形象地说，媒介就像水、空气和花朵一样，要作为人类生存于其中的环境被研究。对于人类来说，水、空气和花朵等是环境，媒介也是环境。

我们认为,波斯曼给"Media Ecology"下了一个正式的定义,使其成为一个全新的研究领域。在这个意义上,1968年就作为媒介环境学概念正式诞生的时间被记入了媒介研究的历史。

二、媒介环境学的制度建设

媒介环境学的正式制度建设是在纽约大学完成的。纽约大学出版的《纽约大学总览》(*NYU Bulletin*),写明了媒介环境学博士点的创建时间是1970年。[①]

虽然1968年媒介环境学的概念诞生了,这一学术领域也开始形成,但它的制度建设才刚刚开始。

1968年,波斯曼在纽约大学教育学院晋升为教授。1970年,他开始教授媒介环境研究课程,同时他的课程规划明显转向以传播为中心的学位课程。1970—1971学年博士研讨班的创建是波斯曼的媒介环境学博士教学计划开始的标志。从1976—1977学年的《纽约大学总览》开始,媒介环境学正式的学位课程简介也为公众知晓。纽约大学媒介环境学博士点是世界同类学科中的第一个博士点。[②]

所以,可以说波斯曼和另外两位幕后英雄特伦斯·莫兰(Terence Moran)、克里斯琴·尼斯特洛姆(Christine L. Nystrom)的共同努力,成为媒介环境学博士点的发展的力量源泉。在波斯曼等人亲手播下种子后,媒介环境学开始生根发芽并逐渐形成影响力。

---

① 根据2018年1月20日对林文刚教授的微信访谈。
② 参见〔美〕林文刚编:《媒介环境学:思想沿革与多维视野》,何道宽译,北京:北京大学出版社2007年版,第18—26页。

三、媒介环境学派的发展

20世纪末,多伦多学派和纽约学派实现了整合,并在美国成立了媒介环境学会(Media Ecology Association,MEA)。此后,媒介环境学会作为具有世界级学术团体地位和影响力的组织开始获得关注。1985年问世的《娱乐至死》不仅是波斯曼在美国学界地位的转折点,而且是媒介环境学发展的转折点。在这本书的市场化助力下,媒介环境学大步踏入了传播学领地,以昂扬之势进入北美主流传播学领域。

20世纪90年代,与媒介环境学的发展相伴的是,纽约大学媒介环境学专业的毕业生开始在全国范围内担任教职,在不同的高校拓宽了媒介环境学的学术圈子。为了使媒介环境学研究超越一个学位点的制度限制,形成一个全国性的论坛,兰斯·斯特雷特(Lance A. Strate)、林文刚等学者积极奔走、多方努力。最终,1998年9月4日,媒介环境学会作为一个面向世界的学术组织正式成立,并很快成为美国全国传播学会(National Communication Association)的团体会员,又于2002年加入了美国东部传播学会(Eastern Communication Association)[①],2003年加入了国际传播学会(International Communication Association)。

媒介环境学会由兰斯·斯特雷特、汤姆·真卡雷利(Thom Gencarelli)、林文刚、苏珊·巴恩斯(Susan B. Barnes)和保罗·莱文森(Paul Levinson)等学者创建。1998年,他们起草了一个章程,该章程在2000年6月的媒介环境学年会的开幕会议上获得通过。该章程规定,每位选举产生的任职人员任期为一年。第二年,他们修改了章程,并在2001年6月的会议上通

---

① 根据2018年1月13日对何道宽教授的电邮访谈。

过。新章程规定，理事会成员由会员选举产生，三年为一任期，下一任理事会成员在第四年的年初经由会员选举产生。这个章程直到2012年都是有效的，此后会员们投票通过了一个新章程，规定会员直接投票产生部分任职人员，另外一些由理事会直接任命。最重要的是，学会采用会长继任制度，即每一年选出一位副会长候选人，这位候选人将成为副会长、会长，然后卸任。美国的很多学术组织都是基于会长继任制度运作的：某人作为副会长的候选人工作一年，再作为副会长工作一年，接下来的一年作为会长工作，然后作为前任会长继续做出贡献。①

媒介环境学会成立以来，会长和副会长的任职情况见表1.1。②

表1.1 媒介环境学会会长和副会长任职情况

时间	会长	副会长
1998—2009	斯特雷特	林文刚（1998—2006）、汤姆·真卡雷利（2007—2009）
2009—2011	珍妮特·斯滕伯格（Janet Sternberg）	汤姆·真卡雷利
2011—2012	詹姆斯·莫里森（James C. Morrison）	汤姆·真卡雷利
2012—2013	汤姆·真卡雷利	科里·安东（Corey Anton）
2013—2014	科里·安东	菲尔·罗斯（Phil Rose）
2015	菲尔·罗斯	凯伦·洛拉（Karen Lollar）
2016	凯伦·洛拉	布雷特·伦斯福德（Brett Lunceford）

---

① 根据2017年6月15日—7月29日对兰斯·斯特雷特教授的微信和电邮访谈。
② 根据2017年6月15日—7月29日、2020年6月15日对兰斯·斯特雷特教授的微信和电邮访谈。

(续表)

时间	会长	副会长
2017	布雷特·伦斯福德	爱德华·托瓦尼克（Edward Tywoniak）
2018	爱德华·托瓦尼克	保罗·格罗斯威勒（Paul Grosswiler）
2019	保罗·格罗斯威勒	保罗·格拉纳塔（Paolo Granata）
2020	保罗·格拉纳塔	保罗·格罗斯威勒

为增强学会的影响力，斯特雷特主编了"媒介环境学"丛书，由汉普顿出版社（Hampton Press）出版。学会创办了季刊《媒介环境学探索》（*Explorations in Media Ecology*）、《媒介环境学会通讯》（*Media Res*）。这些著作和刊物成为催生下一代媒介环境学学者的阵地。① 从此，作为一门学科的媒介环境学进入了传播学界更加广阔的学术阵营。

四、媒介环境学的研究对象与内容

媒介环境学的研究对象是媒介，是作为技术生存、生成的媒介技术本身。媒介环境学的研究内容包括但不局限于媒介本身所表现出的一切表征、特点、与他者的互动，以及历史上已经表现出的规律和对其未来发展变化的猜想等。按照波斯曼的定义，媒介即环境。人类要研究生存环境中的水、空气和花朵，研究它们的组成成分；也要研究生存环境中的媒介，研究它们的组成成分、特点、对人类的影响等，就是构成媒介的符号形式和物质形式、媒介的传播特性、媒介对人和社会的影响等。具体地讲，媒介

媒介环境学漫谈
（中国传媒大学
陈默）

---

① 参见何道宽：《媒介环境学：从边缘到庙堂》，《新闻与传播研究》2015 年第 3 期，第 121 页。

环境学的研究内容包括：

其一，媒介本身的传播特性和生存进化规律。

对媒介环境学而言，媒介的存在本身就是意义。所以，媒介本身就代表讯息，广播、电视本身就是讯息，而不是说媒介制造的内容，如广播节目、电视节目才是讯息。

媒介是复杂的讯息系统，所以，媒介环境学的研究试图揭示媒介隐含的、固有的结构。[①] 媒介环境学研究组成媒介的符号系统，揭示媒介的传播特性，探究媒介本身的历史和未来，解释媒介本身的生存状态、媒介发展进化的规律。例如，口语媒介是具有即时传播特性（稍纵即逝，说出来之后就消失了）的媒介；广播是口语媒介的延伸，在发明之初具有即时传播的特性（听过后，即使用后就消失了）。后来，人类又发明了其他媒介来补救广播在传播特性方面的不足，例如网络广播，其内容可以被保存并重复收听。普通广播进化为网络广播，也表明了媒介的一个进化规律——后来的媒介能够补救之前的媒介的不足。

其二，媒介对人的影响。

媒介本身对人的影响涉及很多方面，包括对人的生理、心理等方面的影响，以及对整个社会的影响，具体又可细分为对政治、经济、文化等方面的影响。所以，媒介环境学研究的是媒介对人类所见所为的所有事物的影响。例如，哈罗德·亚当斯·英尼斯（也译为"伊尼斯"）（Harold Adams Innis）的帝国与传播思想指的是媒介技术对社会政治、经济、文明建构的影响。

---

① 参见〔美〕林文刚编：《媒介环境学：思想沿革与多维视野》，何道宽译，北京：北京大学出版社 2007 年版，第 27 页。

第二节　媒介环境学深层的理论命题

"媒介环境学是把媒介当作环境的研究"这一定义指出,"媒介即环境"。这个定义中又嵌有三个相互联系的深层的理论命题,它们也是媒介环境学研究的理论假设和前提。

一、媒介不是中性、透明、无价值标准的渠道

这个命题强调,媒介并不只是把数据或信息从一个地方传递到另一个地方。媒介固有的物质结构和符号形式界定了信息的性质。例如,有些受众会因为基于自己喜欢的小说改编的电视剧不太成功而牢骚满腹。对此,常见的解释是,这是由剧本改编者对情节的改动造成的。但是,媒介环境学的观点认为:小说和电视剧代表两套截然不同的符号结构和物质结构,因此小说的读者和电视剧的观众得到的是两套不同的信息或"现实",即使它们的基础可能是同样的源头,即小说中包含的故事。[①]

这个命题提醒人们,不要忽视"媒介"这个非中性、非透明、有价值的渠道,界定信息性质的正是媒介的结构。同一个事件,可能有用口语或文字作为叙述的不同版本,不同版本意味着使用的是不同的符号结构,代表的是不同的信息,当然也可能导致了不同的传播效果。

二、每种媒介都有一种偏向

这个命题表明,不同的传播媒介本身的技术属性决定了它们先天就能

[①] 参见〔美〕林文刚编:《媒介环境学:思想沿革与多维视野》,何道宽译,北京:北京大学出版社 2007 年版,第 30 页。

实现不同方式的传播，这些不同的传播方式作用于不同的感官，使用不同的编码形式。这意味着在每一种技术当中都预先埋伏了特定的偏向。

首先，媒介技术要承载的是信息，而不同种类的信息需要的符号以及符号间的架构组合方式不同。所以，当这些信息作用于人的时候，效果也不一样。有的信息偏向于思想［后文论述苏珊·朗格（Susanne K. Langer）的符号理论时会涉及思想与文字符号系统的关系］，有的偏向于情感（朗格也谈论了情感与表现性符号体系和艺术的关系）。例如，学术论文用文字来编码、传输思想，更适合具备一定知识储备的人使用。电视主要用画面和声音编码、传递故事及新闻等。虽然电视也传递思想，但与学术论文相比，它对受众的文化水平没有特别的要求，更受普通观众的喜爱。

其次，除了符号以及符号间的架构组合方式，各种媒介技术还需要承载符号的具体物质载体。相应地，由于物质载体的物理性能不同，因此不同物质载体具有不同的时间和空间的偏向。

例如，英尼斯为人称道和熟悉的观点是：媒介分为两大类，即有利于空间上延伸的媒介和有利于时间上延续的媒介。例如莎草纸和石版、泥版文字的对比。莎草纸轻巧，容易运输，有利于空间上的传播；而石版、泥版承载的文字具有永恒的性质，容易传承，但是不容易运输和生产，所以有利于时间上的传播。①

三、媒介促成的结果和媒介的固有偏向有关

媒介环境学假设传播媒介促成各种心理或感觉的结果，以及社会、经济、政治、文化方面的结果，这些结果往往和传播技术的固有偏向有关。

---

① 参见〔美〕哈罗德·伊尼斯：《帝国与传播》，何道宽译，北京：中国人民大学出版社2013年版，译者序，第13页。

这个命题论述了媒介环境学研究中的一个关键问题——技术和文化的问题（或者说文化与技术的问题），尤其是传播技术如何影响文化的问题。[①]

因此，媒介环境学重视研究传播技术对各种心理和感觉，以及经济、文化等的影响，例如，大约在18世纪，蒸汽机对工业革命的影响；互联网对人类心理的影响等。

第三节　媒介环境学的学科地位

一、媒介环境学是新兴的元学科

任何一门新学科，为了实现长足发展，都要明晰自己的学科地位。致力于媒介环境学制度建设的学者自然不会忽略这一点。而"新兴的元学科"就是媒介环境学的学科地位。

关于媒介环境学的学科地位，和波斯曼、莫兰一起致力于纽约大学媒介环境学本科学科和文化与传播系早期建设的克里斯琴·尼斯特洛姆专门发表过看法。她认为，媒介环境学是元学科。媒介环境学之所以不只是交叉学科，是因为交叉只是学科发展的一个阶段，而元学科是蕴含着终极答案的、代表世界真实存在的科学体系。媒介环境学联系诸多学科，目标是言明媒介技术与环境、人类的相互作用与关系。就最终目标和它对世界的理解体系的科学程度而言，它是当之无愧的元学科。

尼斯特洛姆还对媒介环境学这门元学科的发展阶段做了评价。她认为，作为元学科，媒介环境学的发展尚处在初始阶段。毋庸置疑的是，媒

[①] 参见〔美〕林文刚编：《媒介环境学：思想沿革与多维视野》，何道宽译，北京：北京大学出版社2007年版，第31页。

介环境学是一个开放的研究领域，在生态学的范式或者说生态学思维的主导下，多学科的理论养料都可以来滋润这片土壤，让它枝繁叶茂、果实累累。

二、媒介环境学在传播学领域的地位及两个学派

媒介环境学会的成立使世界范围内传播学界的视野得以延展，开始关注以刘易斯·芒福德（Lewis Mumford）、麦克卢汉①等为中坚力量的媒介环境学派。目前，媒介环境学派、经验学派和批判学派是地位相当的三大传播学派。1995年英国学者尼克·史蒂文森（Nick Stevenson）②，2004年中国传媒大学陈卫星教授和南京大学学者胡翼青、2005年中国人民大学陈力丹教授分别对传播学的理论版图进行了论述，一致认为传播学不只包括传统视野中的两个学派，而是经验学派、批判学派和媒介环境学派三足鼎立。③

媒介环境学的两个重要学派是多伦多学派和纽约学派。多伦多学派的代表人物有：英尼斯、埃德蒙·卡彭特（Edmund Carpenter）、罗伯特·洛根（Robert Logan）、唐纳德·西尔（Donald Theall）、埃里克·麦克卢汉和德里克·德克霍夫（Derrick de Kerckhove）④。

纽约学派的代表人物有：刘易斯·芒福德、埃里克·哈弗洛克（Eric

---

① 在本书中，如果没有特别说明，"麦克卢汉"指的都是马歇尔·麦克卢汉（Marshall McLuhan），而不是他的儿子埃里克·麦克卢汉（Eric McLuhan）。

② 尼克·史蒂文森，英国诺丁汉大学社会学和社会政策学院高级讲师。

③ 参见李明伟：《知媒者生存：媒介环境学纵论》，北京：北京大学出版社2010年版，第31页。

④ 德里克·德克霍夫（1944— ），被誉为"麦克卢汉嫡系继承人"，曾任多伦多大学麦克卢汉研究所所长，主要著作有《文化肌肤：真实社会的电子克隆》（Skin of Culture: Investigating the New Electronic Reality）等。

A. Havelock)、路易斯·福斯戴尔（Louis Forsdale）、约翰·卡尔金（John Culkin）、波斯曼、莫兰、尼斯特洛姆、莱文森、约书亚·梅罗维茨（Joshua Meyrowitz）①、林文刚、斯特雷特等。纽约学派以福特汉姆大学和纽约大学为主要基地，加上师从波斯曼的博士生在威廉·帕特森大学、新泽西城市大学等大学的工作，以及麦克卢汉（曾在福特汉姆大学任教一年）、卡尔金、莱文森、斯特雷特、林文刚、罗伯特·阿尔布雷克特（Robert Albrecht）②的耕耘，媒介环境学得到了持续的发展。

第四节　媒介环境学派与媒介生态学的比较研究

一、国内相关研究现状

在当下的国内传播学研究领域，存在以下两种被普遍接受和认可的观点：

（1）传播学分为经验学派、批判学派（以法兰克福学派、传播政治经济学派和文化批评为代表）和媒介环境学派。③

（2）源自北美的"Media Ecology"（媒介环境学）和国内的"媒介生

---

① 约书亚·梅罗维茨（1953—　）是媒介环境学派第三代代表人物之一，代表作有《消失的地域：电子媒介对社会行为的影响》（*No Sense of Place: The Impact of Electronic Media on Social Behavior*）。

② 罗伯特·阿尔布雷克特，波斯曼的博士生，现任教于新泽西城市大学媒体艺术系。他的著作《调解缪斯》（*Mediating the Muse*）从媒介环境学的角度对音乐进行了历史回顾，获得了媒介环境学会颁发的多萝西·李（Dorothy Lee）奖。他还曾获得媒介环境学会颁发的约翰·卡尔金奖。

③ 参见李明伟：《知媒者生存：媒介环境学纵论》，北京：北京大学出版社 2010 年版，第 31 页。

态学"不是一回事。国内的"媒介生态学"被认为隶属于传播政治经济学派，焦点指向媒体经营和管理以及媒介间的生态。① 国内从事媒介生态学相关研究的学者是浙江大学的邵培仁教授、清华大学的崔保国教授等，从事媒介环境学相关领域的译介工作的是深圳大学的何道宽教授等。

然而，在这样的背景下，诸多传播学领域的期刊文章、学位论文等仍不加区分地使用"媒介环境学"和"媒介生态学"这两个概念，在某种程度上造成了一定的混淆。

客观地说，自20世纪北美的"Media Ecology"被引入国内，对其翻译和使用即处于混乱状态。国内从事媒介生态学和媒介环境学研究的学者均会引用相同的西方学者的观点。主要原因包括：第一，"媒介环境学"和"媒介生态学"对应的英文相同，均为"Media Ecology"，这是导致翻译难、对相关研究内容界定不清的原因之一。第二，传播学作为一个舶来的学科，进入我国的时间不长，我们仍将长期处于对西方理论的吸收和本土化过程中，因此对"Media Ecology"的了解还不够充分和深入。

那么，在国内传播学研究史中，最早探索"Media Ecology"这个领域以及使用与"Media Ecology"相关的中文概念的情况如何？哪一种翻译应该作为理论来源为北美的"Media Ecology"的中文译名？

二、对国内"媒介环境学"和"媒介生态学"研究的历史考察

探查、考证近年来国内传播学研究领域对"媒介环境学"和"媒介生态学"二者的使用情况，有助于了解导致相关混淆局面的原因。

---

① 参见〔美〕伊丽莎白·爱森斯坦：《作为变革动因的印刷机：早期近代欧洲的传播与文化变革》，何道宽译，北京：北京大学出版社2010年版，总序，第2页。

(一)国内学界关于"媒介环境学"的研究情况

1. 国内对北美"Media Ecology"(媒介环境学)译介与研究的代表人物

何道宽可以说是国内对北美"Media Ecology"(媒介环境学)研究的扛鼎人物,因为国内相关领域的学术成果主要来源于他的翻译和总结。他的工作主要集中在两个方面:首先是他对北美"Media Ecology"(媒介环境学)的代表学者的著作的翻译,如马歇尔·麦克卢汉、伊丽莎白·爱森斯坦(Elizabeth L. Eisenstein)等;其次,他对北美"Media Ecology"(媒介环境学)学派的历史沿革与发展、学者之间的关系进行了系统的梳理和总结。

迄今为止,何道宽出版了北美"Media Ecology"(媒介环境学)领域的译著20余本[①]。2019年11月,深圳大学举办了媒介环境学前沿思想论坛,会上,何道宽教授主持翻译的"媒介环境学译丛"第一辑正式发布,包括《媒介环境学:思想沿革与多维视野》《震惊至死:重温波斯曼笔下的美丽新世界》《心灵的延伸:语言、心灵和文化的滥觞》《什么是信息:生物域、符号域、技术域和经济域里的组织繁衍》《文化的肌肤:半个世纪的技术变革和文化变迁》五本图书。

除了何道宽的辛勤耕耘之外,国内以媒介环境学为研究对象的重要原创学术成果还包括李明伟的《知媒者生存:媒介环境学纵论》(北京大学出版社2010年版)、范龙的《媒介的直观:论麦克卢汉传播学研究的现象学方法》(暨南大学出版社2009年版)和《媒介现象学:麦克卢汉传播思

---

① 何道宽主持的媒介环境学领域的重要译丛包括"未名社科·媒介环境学译丛"(北京大学出版社)、"麦克卢汉研究书系"(中国人民大学出版社)、"保罗·莱文森研究书系"(中国人民大学出版社)、"媒介环境学译丛(第一辑)"(中国大百科全书出版社)等。

想研究》(中国大百科全书出版社2012年版)、吴晓恩的《逃离电子文化的陷阱——尼尔·波兹曼媒介学思想研究》(北京大学出版社2015年版),以及李昕揆的《印刷术与西方现代性的形成:麦克卢汉印刷媒介思想研究》(商务印书馆2018年版)等。

在论文见刊成果方面,国内以媒介环境学或媒介环境学学者为主题的学术文章零星、散碎。何道宽在译介的基础上公开发表了梳理总结媒介环境学历史、人物、理论的论文十余篇,是对媒介环境学较为集中的研究成果。①

2. 国内学界使用"媒介环境学"译名的情况

"Media Ecology"最初被直译为"媒介生态学"。② 2006年,何道宽、李明伟、丁未和林文刚、陈世敏等磋商之后,认为合适的选择是舍弃之前用过的"媒介生态学"这个译名,将理论渊源为北美学派的"Media Ecology"定名为"媒介环境学"。③ 以此正名为开端,在国内,林文刚、何道宽、李明伟等学者在传播学研究中开始正式使用"媒介环境学"这一译名。

(二)国内学界对"媒介生态学"一词的使用及研究

清华大学的尹鸿教授率先在国内传播学界使用了"媒介生态学"这样的表述。④ 尹鸿在文章中谈道:"构成人类生态环境的不仅是水、阳光、空

---

① 何道宽研究媒介环境学的文章主要有:《麦克卢汉在中国》《加拿大传播学派的双星:伊尼斯与麦克卢汉》《媒介即文化——麦克卢汉媒介理论批评》《"天书"能读:麦克卢汉的当代诠释》《麦克卢汉的学术转向》等。
② 何道宽:《媒介环境学:从边缘到庙堂》,《新闻与传播研究》2015年第3期,第118页。
③ 根据2020年6月15日对何道宽教授的电邮访谈。
④ 在我国新闻传播学界,最早提到与媒介有关的"生态学"的文章是朱光烈的文章,他在文中应用并且介绍了传播生态学理论。然而,他所阐述的并非今天我们所谈论的媒介环境学或者媒介生态学,与北美"Media Ecology"(媒介环境学)亦没有关系,他强调的是传播效果研究。参见朱光烈:《从直播到电话参与:中国新闻改革的传播学道路》,《现代传播》1993年第6期,第20—35页。

气，而且包括媒介。正如被称为现代传播学之父的麦克卢汉所说：媒介是人的延伸。所以我们也需要一种特殊的生态学——媒介生态学。'生态学'一词来自古希腊的'OIKOS'，蕴含着房屋、家居、处所的意思，后来亚里士多德用这一术语来指广义的人类生存环境。媒介生态学关注的则是与人的生存相关的动态变化着的媒介环境，媒介对于人的作用、作用过程和方式，特别是人类如何限制、控制、修正对媒介的使用，以维护、保持一种健康的平衡的媒介环境，使人与媒介、媒介与人之间保持一种和谐互动的良性关系。"①

不难看出，上述内容是北美"Media Ecology"，也就是媒介环境学关注的问题，但尹鸿并没有明确地指出他所谈的问题和"媒介环境学"的关系。

浙江大学的邵培仁教授 2001 年发表的两篇文章《传播生态规律与媒介生存策略》和《论媒介生态的五大观念》引发了国内学者对媒介生态学的关注。② 崔保国教授则于 2004 年发表了专门研究媒介生态学的文章《理解媒介生态——媒介生态学教学与研究的展开》。二位学者都研究媒介生态学，但是他们的研究彼此不同，且都与北美"Media Ecology"（媒介环境学）学派的研究不同。

由上文可知，邵培仁对中国特色媒介生态学的研究始于 2001 年。这一领域的研究持续的时间虽然不算长，但是其和媒介环境学之间的缠绕以及互相影响的问题已经足以引起相关学者的重视。

从国内媒介环境学研究的历史看，我们不禁慨叹，媒介环境学从名实

---

① 尹鸿：《电视媒介：被忽略的生态环境——谈文化媒介生态意识》，《电视研究》1996 年第 5 期，第 38 页。

② 参见杨婷婷：《论中西媒介生态学研究的差异》，《新闻界》2005 年第 3 期，第 79 页。

相符落地国内，到发展壮大，这段时间并不长，从 2006 年至 2020 年只用了 14 年的时间（2006 年何道宽等完成了定名工作）。从另一个角度看，"媒介环境学"和"媒介生态学"之间已纠缠了将近 19 年（邵培仁的中国特色媒介生态学研究始于 2001 年），并且这一状况仍在继续。当下，作为不同学派的媒介环境学和媒介生态学，从概念界定到相关理论，仍被一些传播学领域的论文不加区分地应用于研究中。

基于前文的论述，我们可以总结出国内相关研究与北美"Media Ecology"研究的关联，参见表 1.2。

表 1.2　国内相关研究与北美 Media Ecology 研究的关联

国内传播学研究的代表人物	国内研究的名称	国内研究的现状	与北美"Media Ecology"的关系
何道宽、李明伟等	媒介环境学	自成体系，与北美"Media Ecology"的研究旨趣和研究方法相同，关注媒介技术本身及其影响下的环境	完全一致，由北美"Media Ecology"发展而来
崔保国	媒介生态学	自成体系，崔保国的文章①提供了重要的内容和观点	部分源自北美的"Media Ecology"
邵培仁	中国特色媒介生态学	自成体系，邵培仁的文章②提供了重要的内容和观点	与北美的"Media Ecology"不同

---

① 崔保国：《理解媒介生态——媒介生态教学与研究的展开》，《中国传播学论坛暨中华传播学术研讨会论文集》，上海：复旦大学出版社 2003 年版，第 263—272 页。

② 邵培仁：《媒介生态学研究的新视野——媒介作为绿色生态的研究》，《徐州师范大学学报（哲学社会科学版）》2008 年第 1 期，第 135—144 页。

需要强调的是,表 1.2 中所列的三类研究在传播学研究领域内的定位是有区别的,具体见表 1.3。

表 1.3 国内三种传播学研究的比较

学派	定位	与经验学派和批判学派的关系
媒介环境学	独立的传播学三大学派之一	并列,比肩而立
媒介生态学	交叉研究了媒介环境学派和传播政治经济学派的内容	非并列关系,研究内容和经验学派没有交集,和批判学派中的传播政治经济学有交集
中国特色媒介生态学	属于传播政治经济学派	非并列关系,属于批判学派

三、北美的"Media Ecology"应译为"媒介环境学"

源自北美的"Media Ecology"理应对应合适的中文译法,这样可以帮助避免学界对分别以何道宽、崔保国、邵培仁为代表的不同传播学派的研究的混淆,有益于传播学作为整体获得更好的发展,也有益于这三个领域各自的发展。

笔者认为,北美的"Media Ecology"应该译为"媒介环境学",这一译法对国内传播学研究的历史、现状和未来都有利:有利于澄清过往的研究中产生的混淆;有利于当下的研究的开展,也就是说,国内传播学领域与北美"Media Ecology"有关的、与麦克卢汉等学者有关的、与各种媒介生态有关的研究以及对国内几位主要学者的观点的引用和拓展都将变得明确;对未来的意义更是不言而喻,"媒介环境学""媒介生态学"的概念和理论内涵都将更加明晰。

(一)"Media Ecology"不应直译为"媒介生态学"

从字面上看,在英汉词典里"ecology"对应的汉语是"生态",因此

"Media Ecology"的译文也就顺理成章地应该是"媒介生态学"。然而,从严谨的学术角度和当下的学术研究状况看,"媒介生态学"这一译法并不理想,主要原因有:

第一,"媒介生态学"这一译法不能完全概括"Media Ecology"的研究范围。北美的"Media Ecology"研究已经超越了"ecology"在生物学意义上的"生态"的含义,而更强调媒介技术与环境之间的关系。在媒介环境学研究的历史上,波斯曼、莫兰、尼斯特洛姆等人曾因使用了"Media Ecology"这一表述而遭遇反对和嘲讽,因为将"ecology"一词用于社会科学的研究领域,可能会让人感觉突兀,甚至不合理。然而,波斯曼等人认为,使用"ecology"这个词可以提醒人们,人这种生物,像其他动物一样,除了要在自然环境中生存,还要在技术环境中生存,媒介技术本身及其对人们的影响是不容忽视的存在。①

第二,由于中西方语言文化方面的差异,"媒介生态学"这一译法容易造成中国受众的误解并导致概念混淆。

第三,北美的"Media Ecology"学派主张泛媒介(万物皆媒)、泛环境、泛技术、泛文化,因此媒介、环境、技术、文化似乎成了等值词,但从来没有任何一位代表人物主张过"泛生态"。②

(二)"Media Ecology"应翻译为"媒介环境学"

第一,"媒介环境学"这一译法能直截了当地表征北美"Media Ecology"学派的研究的兴趣所在,也是对波斯曼所下的定义的内涵的确切表述。波斯曼对"媒介环境学"这门学

关于"媒介环境学"译名的动画

---

① 参见〔美〕林文刚编:《媒介环境学:思想沿革与多维视野》,何道宽译,北京:北京大学出版社2007年版,第44页。

② 根据2020年6月15日对何道宽教授的电邮访谈。

科的定义为：把媒介当作环境的研究。媒介环境学研究感兴趣的问题在于人类生活的方方面面如何受到作为"环境"的媒介技术的影响。

第二，"媒介环境学"这一译法可体现出这个学科的天然使命。媒介环境学具有人文关怀精神，并提倡实践。"环境"一词本身具有一种感召力，尤其是在环境被严重破坏的今天，它似乎具有呼吁人们保护环境的力量。[①]

第三，使用"环境"一词的一个原因是强调"环境"是目的。"生态"这个词强调的是达到目的的可行的路径，而"环境"比"生态"的含义更终极、更全面。

毕竟，国内传播学研究中，对北美"Media Ecology"译名的混乱使用问题已经发生，我们只能希望亡羊补牢，未为晚也。名正才能言顺，正确的名称使用，指引正确的研究方向，方向如果错了，媒介环境学、中国特色媒介生态学等的研究就都难以深入。知难而进，只有分析清楚了上述复杂关系，才能在从事相关理论的应用和延伸研究工作时，不混淆、不杂糅，才能消除此种研究问题，还传播学这一部分以清澈、明朗的研究空间。

[①] 参见〔美〕林文刚编：《媒介环境学：思想沿革与多维视野》，何道宽译，北京：北京大学出版社 2007 年版，中文版序，第 4 页。

第二章　媒介环境学先驱及其思想

第一节　帕特里克·格迪斯：人类生态学之父与媒介环境学创始人

媒介环境学的发展历程，如果兼顾生物学意义上的世代和学术思想传承的时代，可以说，以20年为一代，已经走完了3代人的历程。帕特里克·格迪斯（Patrick Geddes）、芒福德、朗格等人是先驱，哈弗洛克、英尼斯、马歇尔·麦克卢汉、爱森斯坦等人是第一代，波斯曼、沃尔特·翁（Walter J. Ong）、尼斯特洛姆等人是第二代，莱文森、林文刚、斯特雷特、埃里克·麦克卢汉等人是非常活跃的第三代。[①]

帕特里克·格迪斯（1854—1932）出生于苏格兰。他一生都轻视考试，从未获得过大学学位。格迪斯一生中大部分时间都在正常的学术渠道之外度过。他用书面表达他的想法似乎有困难。然而，他具有将自己的想法付诸实践的天赋。

格迪斯以生物学家、社会学家、教育学家的身份闻名于世。他首创了"人类生态"（human ecology）这一术语，主张将技术与人类生态相连，被

---

① 参见何道宽：《媒介环境学辨析》，《国际新闻界》2007年第1期，第46页。

誉为"人类生态学之父"。①

一、格迪斯的主要思想

格迪斯摆脱了传统教育体系的制约,以兴趣为导向,涉足领域包括植物学、古生物学、社会学、人口学、经济学等。他的代表作有《城市发展》(*City Development*)和《进化中的城市》(*Cities in Evolution*)等。他在研究中融会了自然科学与社会科学,形成了独特的人类生态思想。②

格迪斯的人类生态思想主要包括旧、新技术时代思想和"有机城市观"。

格迪斯以技术为标准划分了两个时代,并以英国和挪威两个国家为例,说明了旧技术时代和新技术时代的思想。

格迪斯认为:英国许多城市依靠煤和以煤为能源的技术,即"黑煤",而挪威采用的技术是"白煤",主要使用风、水等干净的资源。黑煤会污染环境,白煤则不会造成污染问题。

他认为:英国和挪威分别代表了"旧技术"和"新技术"时代。旧技术时代是依靠煤矿、蒸汽机运转的时代,与之相伴的是资源浪费和环境污染。这种城市中的社会组织过度追求商业收入的增长,由此带来的结果是:虽然人类耗尽了自然、人力资源来建设城市,但城市依然面对很多问题。然而,新技术时代的一切正好与旧技术时代相反。

格迪斯的"有机城市观",指的是将人和城市视为生命有机体,研究

---

① 参见何道宽:《凤兴集:闻道·播火·摆渡》,上海:复旦大学出版社2013年版,第135页。

② 参见金经元:《帕特里克·格迪斯的一生——把生物学、社会学、教育学融汇在城市规划之中》,《城市发展研究》1996年第3期,第24—28页。

城市发展过程中人与环境间的相互影响与关系，关注工业革命、城市化等问题对城市文化的影响。①

在格迪斯看来，旧、新技术时代和"有机城市"是有关联的。使用旧技术会浪费资源、破坏环境。对人类而言，旧技术主导的城市不是有机城市，而是不幸之城。相反，使用新技术可以节约利用自然资源，美化生态环境，塑造田园村庄般的城市环境。因此，新技术主导的城市是有机城市，是幸福的。②

当下，无论是在自然科学还是社会科学领域，学者们都对"环境""人类生态"表现出极大的关心。然而，早在100多年前，格迪斯就对城市规划做出了系统的阐述。他致力于将人类创造物与自然物两者融合在一起，强调在应用技术的时候不忘人文关怀，主张技术塑造的环境与人类生态之间要保持平衡。芒福德对格迪斯的思想评价很高，认为"格迪斯引进了'社会思想中未来的观念，仿佛是一个法律界定的研究领域'。换句话说，格迪斯是第一位未来主义者"③。

二、格迪斯在媒介环境学领域的地位

追溯媒介环境学学科建设的历史和媒介环境学研究的思想史可知，波斯曼是"媒介环境学学科"的创始人，而格迪斯是"媒介环境学"的创始人。

---

① 参见王中：《城市规划的三位人本主义大师——霍华德、盖迪斯、芒福德》，《设计研究》2007年第4期，第42—43页。

② 参见金经元：《帕特里克·格迪斯的一生——把生物学、社会学、教育学融汇在城市规划之中》，《城市发展研究》1996年第3期，第27—28页。

③〔美〕林文刚编：《媒介环境学：思想沿革与多维视野》，何道宽译，北京：北京大学出版社2007年版，第55页。

(一)波斯曼是"媒介环境学学科"的创始人

之所以说波斯曼是媒介环境学这门"学科"的创始人，是因为：一方面，波斯曼正式定义了媒介环境学，使媒介环境学被正式命名为一个学术研究领域；另一方面，波斯曼领衔完成了媒介环境学制度化建设的系列工作（详见本书第一章）。可以说，没有波斯曼，就没有媒介环境学这门制度合法化的学科。[①]

(二)格迪斯是"媒介环境学"的创始人

在媒介环境学发展史上，格迪斯是一位重要的学者。他开创了媒介环境学的生态视角，把人和城市视为有机生命体，认为知识分子应该行动起来，在研究过程中把环境与人类文明联系在一起。他的思想影响了芒福德、英尼斯等其他媒介环境学学者。

在这个意义上，林文刚和斯特雷特指出："媒介环境学"真正的创始人是格迪斯。[②]

三、格迪斯与其他媒介环境学学者的关联

(一)格迪斯与芒福德

格迪斯有一个著名的学生——芒福德。格迪斯的著作《进化中的城市》在1915年首次出版时，读者并不多，但是芒福德为之倾倒，并终身承认格迪斯为其导师。[③]

[①] 参见〔美〕林文刚编：《媒介环境学：思想沿革与多维视野》，何道宽译，北京：北京大学出版社2007年版，第10、11、18、19、20页。

[②] 同上书，第55页。

[③] 参见金经元：《帕特里克·格迪斯的一生——把生物学、社会学、教育学融汇在城市规划之中》，《城市发展研究》1996年第3期，第26页。

格迪斯与芒福德在学术思想上的关联，主要体现为：

格迪斯提出的"人类生态"这一术语，是影响芒福德的研究路径的重要因素。[①] 芒福德的技术有机论建立在生态视角的基础上。他在研究中注意技术和生物的密切联系，认为技术是有机现象的一部分，从来不曾脱离整体的文化构架。[②]

另外，格迪斯跨学科的思维方式、通才型的治学方法、关于城市规划的研究内容，以及知识分子应该行动的观点都影响了芒福德。这解释了为什么芒福德会积极推动生态区域规划。[③]

（二）格迪斯与英尼斯

崔保国指出，格迪斯对英尼斯产生过重要影响。[④] 格迪斯对英尼斯产生的影响是间接的，是通过芝加哥学派的学者实现的。

格迪斯影响芝加哥学派社会学家罗伯特·帕克（Robert E. Park）形成了人类生态思想[⑤]，而英尼斯在芝加哥大学求学时，师从帕克。麦克卢汉认为，帕克的思想对英尼斯的吸引力，似乎超过了它对其他学生的吸引力，人人都能从英尼斯的调子中听出，他学习了帕克诸如"技术设备必然改变社会的结构和功能""从手推车到飞机，每一种技术设备应该标志社

[①] 参见王华：《"透过玻璃看到的明亮世界"——刘易斯·芒福德传播思想及其学科价值》，《国际新闻界》2012年第11期，第16页。

[②] 参见〔美〕林文刚编：《媒介环境学：思想沿革与多维视野》，何道宽译，北京：北京大学出版社2007年版，第61页。

[③] 同上书，第55页。

[④] 参见崔保国：《理解媒介生态——媒介生态学教学与研究的展开》，《中国传播学论坛暨中华传播学术研讨会论文集》，上海：复旦大学出版社2003年版，第260页。

[⑤] 参见〔美〕林文刚编：《媒介环境学：思想沿革与多维视野》，何道宽译，北京：北京大学出版社2007年版，第55页。

会发展的一个新纪元"这样的观点。①

（三）格迪斯与麦克卢汉

格迪斯的思想影响芒福德形成了机器延伸论，芒福德的机器延伸论又影响了麦克卢汉的媒介延伸论。

芒福德在格迪斯"有机城市观"的基础上，形成了机器延伸论思想。他把城市和机器都视作生物有机体，认为各个有机体之间相互联系，在协调和合作中实现平衡发展。芒福德指出，"机器体系本身变得更加积极主动，更加人性化，复制了眼睛和耳朵的自然特性"②。他在《技术和文明》一书中提出，传播技艺是"人的延伸"，技术变化是文明史的核心，而这是后来麦克卢汉的"媒介是人体感官的延伸"这一思想的直接起源。③

被誉为"城市规划的人本主义大师"的格迪斯，关注技术塑造城市环境过程中的生态问题，影响了一群"强调道德关怀"的媒介环境学学者。"人""技术""文化""环境"是媒介环境学学者思想中共同的关键词。技术可以破坏人类生态，也可以有益于人类生态。技术是文化的结构动因和塑造力量，是所有媒介环境学学者关注的主题。

第二节 刘易斯·芒福德：构建于城市研究中的传播思想

刘易斯·芒福德（1895—1990）出生于美国纽约。他先后求学于纽约

---

① 参见〔加〕哈罗德·伊尼斯：《传播的偏向》，何道宽译，北京：中国人民大学出版社2003年版，麦克卢汉序言，第8页。

② 参见王润：《论麦克卢汉与芒福德"媒介"延伸观》，《国际新闻界》2012年第11期，第42页。

③ 参见陈卫星：《麦克卢汉的传播思想》，《新闻与传播研究》1997年第4期，第31页。

城市学院和纽约社会研究新学院。1934年，他出版了《技术与文明》一书；1938年出版了《城市文化》一书。他的主要著作还有《艺术与技术》（1952）、《城市发展史》（1961）等。他曾获得多个重要奖章，包括1964年获得美国总统自由勋章等。

与格迪斯一样，芒福德也被誉为人本主义城市规划大师。他将城市规划与人类幸福相连，强调在城乡建设中要重视各种人文因素，促使欧洲的城市设计重新确定了方向。在建筑学和城市研究领域很难找到哪位学者能像芒福德那样，在剖析建筑的本质的同时，如此注重文化对于人类的作用，[①] 包括在城乡建设过程中媒介技术产生的文化影响。所以，芒福德也被视为一位媒介环境学学者。

一、关怀人类的生态视角

芒福德的媒介研究和城市研究思想不是彼此孤立的，而是在生态视角的统摄下相互联系、相互渗透。从19世纪开始，世界上很多国家的城镇化快速发展。在19世纪和20世纪的大部分时间里，大众传播和城市中心的关系非常密切。我们往往容易忽略两者的密切关系，但事实上，大众传播、城市化以及两者对乡村的影响，仍然是大众社会建构的主要部分。[②]

要阐释芒福德思想中的生态视角，必须谈到他的导师格迪斯。格迪斯认为，包括城市和乡村在内的区域是互相联系的生态系统，人们在进行建设之前，要充分理解并重视这个生态系统，以免破坏其中的自然平衡。格

---

① 参见〔美〕唐纳德·L.米勒编：《刘易斯·芒福德著作精粹》，宋俊岭、宋一然译，北京：中国建筑工业出版社2010年版，中文版译者序，第 ix、x 页。

② 参见〔美〕林文刚编：《媒介环境学：思想沿革与多维视野》，何道宽译，北京：北京大学出版社2007年版，第52页。

迪斯教会了芒福德一点：在研究观察中加入生物学家对于有机生命及与其有关联的各个生态因素的敏锐感觉。所以，在芒福德的意识中，生态、有机的含义是相同的，都意味着各个因素之间的平衡自然、和谐共存。①

如前所述，格迪斯认为知识分子应该学以致用，在实践中改善社会生活。芒福德正是按照这一要求做的，他不是躲在象牙塔里做研究，而是积极参与公共事务，绝不袖手旁观。从 20 世纪 20 年代起，芒福德就坚持不懈地著书立说，奔走呼号，他的远见卓识使他成为波澜壮阔的生态运动的领军人物，成为人文主义伟大传统的优秀继承者。②

芒福德从自己的研究视角出发，曾针对一些文化现象提出批评。比如，他和罗伯特·摩西（Robert Moses）③之间的论争，被称为"我们时代最重要的城市政策争辩之一"。芒福德秉承热爱人类的公共知识分子所具有的关怀和良心，认为摩西的设计破坏了人类的生态环境，导致的后果是人们生活在令人失望的塔街中。芒福德指出，"罗伯特·摩西对纽约城造成了更多的伤害，并且根据这种意义深远的例子，他比我们时代任何人对其他城市造成的伤害都大"④。

不难看出，格迪斯和芒福德的研究中隐含着同一种伦理：生命优先。在他们看来，建筑也好，媒介也好，人发明的技术都应该是为人服务的，人是第一位的。他们关心的是人造物对

媒介技术与人文社交（广西大学 薛强）

---

① 参见〔美〕唐纳德·L. 米勒编：《刘易斯·芒福德著作精粹》，宋俊岭、宋一然译，北京：中国建筑工业出版社 2010 年版，第 13—14 页。

② 同上书，中文版译者序，第 x 页。

③ 罗伯特·摩西（1888—1981），美国建筑师，曾负责纽约的城市设计，有纽约城市建设"沙皇"之称。

④ 〔美〕唐纳德·米勒：《都市史家，都市先知——刘易斯·芒福德》，郭子林、赵娟译，《都市文化研究》2006 年，第 11 页。

人类生活造成的影响。

二、平衡、有机的城乡建设

芒福德是从后门进入媒介研究这座大厦的。这么说是因为芒福德首先是一个城市规划学者,其次才是传播学学者,他的传播思想体现在他的城乡建设思想中。

因此,在介绍芒福德的传播思想前,先阐释他的城乡建设思想。

(一)反对城乡两极分化

芒福德反对特大城市和孤立乡村的两极分化。他认为,从重要程度看,城市和乡村是一样的,它们应该结合在一起,而不是被截然分开。如果一定要厘清城市与乡村哪一个更重要,正确的答案是:自然环境比人工环境重要。关于人类居住环境的建设,芒福德反对的是建设特大城市。他指出:历史上最肮脏的大城市是帝国时期的罗马城,其建筑从道德的角度看毫无节制;城市中的人类建造物是为了满足表现的欲望,或者是用来售卖的。[①]

晚年,芒福德针对纽约城的建筑发表了意见。他指出,纽约之所以越来越令人不舒服,不是因为暴力犯罪,而是因为摩天大楼。从20世纪20年代开始,芒福德就率先开始批判摩天大楼这种建筑形式。他认为摩天大楼导致城市拥挤、刺激地价暴涨。当然,他并不是简单地反对这种建筑形式,他反感的是过度修建摩天大楼。[②]正如威廉·昆斯(William

---

① 〔美〕唐纳德·米勒:《都市史家,都市先知——刘易斯·芒福德》,郭子林、赵娟译,《都市文化研究》2006年,第20页。

② 参见〔美〕唐纳德·L.米勒编:《刘易斯·芒福德著作精粹》,宋俊岭、宋一然译,北京:中国建筑工业出版社2010年版,第44页。

Kuhns)① 所说，芒福德不愧是"后工业时代的先知"，单从他对摩天大楼的过度使用的批判，就可见其思想的深邃和前瞻性。

在城市规划过程中，如果规划者只考虑局部、单一的设计要求，而忽略了整体，忽略了建设的目的，那么人们看到的可能只有密密麻麻的建筑物。然而，建筑物不是城市的核心，只是城市的附属品和服务设施，其功能是为人类服务，而不是挤压人类。

人类的生存环境是由大大小小的生态系统构成的整体，系统中的因素会直接或间接地互相影响，并且可能会破坏人类的生活。如果大城市的居住环境和交通状况过度拥挤，人类就很难感受到自然和舒适，可能只能在狭窄和拥堵的空间里"蜗居"，处于压抑的状态。当人类的生存空间被越来越多的人造建筑物占据时，人和绿地就变得越来越渺小、越来越不重要，人的中心、主体地位就会逐渐丧失。

（二）主张城乡融合

关于城乡建设，芒福德提倡限制城市规模，主张建立"区域综合体"。

芒福德坚持认为，城市发展的前提是保证人类能够过一种舒适、自然的生活。如果城市规模过大、人口过多，就要考虑把人口安置在其他小规模的城市里。

为避免特大城市带来的人类生活问题，芒福德主张建设"区域综合体"。他认为：区域综合体包括城市、村庄及永久的农业地区，而城市、村庄只是这个区域的一部分，其中的任何一方面都不应被作为孤立的个体看待；而多中心、分散的区域设置，能把城市和乡村的要素统一到区域综

---

① 威廉·昆斯，美国传播思想史学者，著有《后工业时代的先知：对技术的诠释》(The Post-Industrial Prophets: Interpretations of Technology)。

合体中。形象地讲,抬头看,城市就像漫天繁星那样分散,而且规模不大;俯瞰,城市和乡村就像一个多孔的大网上的交叉点。他认为,从这个角度讲,所有规划都是一体的,城市规划和乡村规划都是区域规划。①

芒福德还强调,区域综合体建设中的人造物体与人类生态要实现融合,建筑等所有人造物体只是自然大环境中的小因素,区域规划工作者不应仅关注让农村实现城镇化,还要重视让城市中那些本来就冷酷、没有绿色生机的砖石废料实现农村化。② 例如,英国牛津市接受了芒福德的建议,停止了城市中一幢建筑物的建设,保留了河边、教堂后一块风景秀美的草地,让牛群得以继续在那里吃草。富有生命力、有绿地和小院环绕的牛津,在很多方面都是芒福德理想中的城市。③

三、充满忧思的批判思想

芒福德的传播批判思想,主要体现为他对城市中的媒介的批判,因为城市中的媒介影响的不仅是生活在城市中的人,还有生活在乡村中的人。

在芒福德成长的大部分时间里,传播形式强有力地改变着人类居住地区的面貌和结构,同时改变着文化的结构。④ 这个改变既包括对城市文化的改变,又包括对乡村文化的改变。芒福德认为,使人们成为机械僵化、唯命是从、逆来顺受的群体是很困难的。"机械控制的秘诀在于形成单一

---

① 参见吴良镛:《芒福德的学术思想及其对人居环境学建设的启示》,《城市规划》1996年第1期,第36、37页。

② 参见〔美〕唐纳德·L.米勒编:《刘易斯·芒福德著作精粹》,宋俊岭、宋一然译,北京:中国建筑工业出版社2010年版,第266页。

③ 参见〔美〕唐纳德·米勒:《都市史家,都市先知——刘易斯·芒福德》,郭子林、赵娟译,《都市文化研究》2006年,第12页。

④ 参见〔美〕林文刚编:《媒介环境学:思想沿革与多维视野》,何道宽译,北京:北京大学出版社2007年版,第53页。

的头脑和明确的目标,并率领这一群体前进。另一个秘诀是一个如何传递讯息的方法,通过一连串的中间环节把指令传达到群体基层里最小的单元。"① 在芒福德看来,媒介有助于制造标准、一致的生活方式。

城市有效地垄断了媒介。媒介为大城市主导的生活方式助力,热衷于表现出一种以城市为中心的生活景象。然而,真实世界中人们的生活常态,往往与媒介展示的不同,即使是大城市中的人也不例外。例如,当代大城市中普通人的生活常态往往是奔波在高楼大厦之间,在公交、地铁,乃至私家车中被挤着、堵着,不可避免地、或多或少地吸入汽车尾气。他们并非天天都能置身于广告展示的情景中：明媚的阳光、宽敞的绿地,欢笑着奔跑过来的爱人和孩子,而是即使周末想去公园享受一下优美的环境,也可能碰上交通堵塞。这正是媒介的力量所在和反讽之处：人们牺牲与自然美景相伴的时间,在拥挤的城市里拼搏,目的却是过上媒介所展示的梦幻般的生活。

在芒福德看来,媒介把城市倡导的生活方式成功扩展、推销到了乡村。媒介擅长并热衷于展示城市生活的豪华、舒适,表现服饰、饮食等方面的细节,这些都令乡村人向往、羡慕,并在有意或无意中加以模仿。生活在乡村的人认为：大城市的生活才是人类生活的目标,才是人类应该拥有的真正的生活;一个人只有生活在大城市里,或者模仿大城市的生活方式,他的生活才是有价值、有层次、有意义的。

然而,实际上,大城市的生活方式对于城市和乡村中的普通人而言,都过于精致、奢华、昂贵。这种生活方式得以建构的基础是大量商品,其中包括人们日常生活中不需要的装饰品、奢侈品。

---

① 参见〔美〕林文刚编：《媒介环境学：思想沿革与多维视野》,何道宽译,北京：北京大学出版社 2007 年版,第 65 页。

在上述所有现象的背后，是利益的驱动。媒介的传播为权力、资金的操控者带来了利益。媒介展示了城市生活的样式和价值观念，并将其置于不容置疑的位置。于是，生活在大城市和到大城市生活成为地位的象征，人口向大城市不断流动，导致中下阶层生活的地方拥挤不堪。①

芒福德批判了媒介对人类文化的影响。不管技术发明者的初衷是什么，芒福德更在意的是技术对人类文化的影响。"文明的不同阶段实际上是机器产生的结果。"② 他认为，机器体系容易把人变成不光彩的消费奴隶……通过效法和模仿，机器体系塑造的文明的力量从一个阶级传播到另一个阶级，从城镇传播到乡村。③ 然而，发展技术的意义，并不在于无节制、非理性地追求财富。

芒福德还指出，由于人们长久接触的是媒介传播的世界，因此远离了乡村，远离了真实、自然、和谐、平衡的生活。在传统意义上的乡村生活里，人们面对面谈天说地、沟通情感、协作劳作。很显然，面对面的"传播"和以媒介为中介的"传播"的传播效果是不同的。当一切知识和交往都被媒介垄断，人们在真实世界中的活动场所就缩小了。所以，芒福德反对在乡村中安装、使用技术，因为技术减少了人们面对面对话、交流的机会。他举例说，在公共喷泉或汲水站旁，人们有更多见面的机会，可能还会聊会儿天，传播些新闻旧事。擅长制造和利用技术的工程师为每家每户设计和安装了自来水管，认为技术能给生活带来便捷，但实际上带来的是

---

① 参见王华：《"透过玻璃看到的明亮世界"——刘易斯·芒福德传播思想及其学科价值》，《国际新闻界》2012年第11期，第12—14页。

② 〔美〕林文刚编：《媒介环境学：思想沿革与多维视野》，何道宽译，北京：北京大学出版社2007年版，第59页。

③ 参见〔美〕刘易斯·芒福德：《技术与文明》，陈允明、王克仁、李华山译，北京：中国建筑工业出版社2009年版，第98页。

负面影响——阻断了面对面的交流。人类往往是"获得了自动化,却丧失了自主权"①。

四、自然、和谐的传播

芒福德认为,人类的一切活动都应该避免机械化,技术应用必须被生态学引导,不再进一步控制和扭曲人类文化的各个侧面。② 传播也理当如此。

首先,芒福德理想中的传播,是节制权力的传播,是"追求良好生活(good life),而不重视商品生活(goods life)"的传播。③

芒福德曾经思考:为什么随着年龄的增长,生活变得和以前不一样了。他格外关注周围的哪些变化与人类文化的建构有关。在芒福德看来,城市也好,乡村也罢,传播的目的不应是把大量消费者吸引、聚集到一起,道路建设的目的也不应是让人们能够方便、快速地到达工厂或商场,然后开始重复的工作或无止境的消费。他认为,城市是为了方便人类的生活而建造的,所有的机器技术都要重新回到人们的掌控中,至于媒介技术,也不应由特权群体掌控,而应由生活在城市和乡村的人,也就是普通人来掌控。

其次,芒福德理想中的传播,是有利于美化自然、和谐文化,令生活充满趣味、丰富绚丽的传播。

芒福德曾回忆,在纽约,当他还是个孩子时,在晚春或夏天的傍晚,

---

① 〔美〕唐纳德·L.米勒编:《刘易斯·芒福德著作精粹》,宋俊岭、宋一然译,北京:中国建筑工业出版社2010年版,第31页。
② 〔美〕林文刚编:《媒介环境学:思想沿革与多维视野》,何道宽译,北京:北京大学出版社2007年版,第70页。
③ 参见〔美〕唐纳德·L.米勒编:《刘易斯·芒福德著作精粹》,宋俊岭、宋一然译,北京:中国建筑工业出版社2010年版,导言,第7页。

人们会聚在高高的门廊里,坐在草垫上,凑在一起聊天,看孩子们追逐、嬉闹。田园牧歌般的纯真浸透在他的童年回忆中。那时虽然没有电视机、收音机等电子媒介,没有文化工业生产出来的商品,但生活并不缺少趣味,反而充满了缤纷的色彩。①

再次,芒福德理想中的传播是大城市兴起前城市、乡村中的传播。

在芒福德看来,乡村的生态适合人类生活,当然也包括大城市中的生活。乡村中的传播才是健康的传播,在城市中也需要"乡村传播"。可见,这里的"乡村"与地理位置无关,而是一种传播状态,一种和谐、有机的自然传播状态。城市中的"乡村传播"是指人们彼此熟识,不仅能在花草充盈的街边散步,而且可以在美好的环境中轻松地对话。②

今天,无论是在城市还是在乡村,芒福德的上述思想都具有指引未来的城乡建设和媒介传播的意义,他的理论正被现实验证。

芒福德的思想博大而丰富,这也导致他的思想有时让人难以准确理解。在他的著作中,随处可见历史、现在和未来的积极互动,在《城市发展史》中尤其明显。几乎书中的每一页都包含着关于革新的种种建议,然而,芒福德不曾给出一个完美无缺的理性城市的形象。他甚至认为,这样的城市根本不存在,也不可能存在。然而,这并不影响他对理想的区域规划的描述。芒福德谈到了价值观念,谈到了创造理想家园,谈到了人类与自然的和谐共处……他提出了问题,但没有给出答案,只是阐明了在人性化的城市中生活应该具备哪些美好的品格。芒福德津津乐道的是"生态

---

① 参见〔美〕唐纳德·L. 米勒编:《刘易斯·芒福德著作精粹》,宋俊岭、宋一然译,北京:中国建筑工业出版社 2010 年版,第 30、31 页。

② 参见〔美〕唐纳德·米勒:《都市史家,都市先知——刘易斯·芒福德》,郭子林、赵娟译,《都市文化研究》2006 年,第 4 页。

的、平衡的、有机的规划",然而客观地说,这样的表达十分狡猾,让人捉摸不定。可是,这又是他能够找到的最为准确的表达方式。也许,他心中所想的东西,根本无法界定,因为"生态的、平衡的、有机的规划"会给未来留下太多的内容和任务。[①]

第三节 苏珊·朗格:符号思想与媒介环境学理论构建

苏珊·朗格(1895—1985)出生于美国纽约,父母都是德国移民。朗格在马萨诸塞州的拉德克利夫学院获得了学士、硕士、博士学位。她师从阿尔弗雷德·诺斯·怀特海(Alfred North Whitehead),研究符号理论。朗格分别在拉德克利夫学院、华盛顿大学、西北大学、哥伦比亚大学和纽约大学担任过教授助理、副教授和教授,在哲学教师的位置上度过了她一生的大部分时间。[②]

朗格是世界知名的女学者,收获了诸多肯定性评价,如:"朗格是美国当代著名哲学家、艺术理论家,也是西方美学史上一位取得了卓越成就的女性美学家"[③];在美国,朗格是较早在哲学领域有出色表现的女性之一,也是较早不仅在专业领域被认可,而且被大众广泛肯定的美国哲学家之一。[④] 朗格还是一位媒介环境学家。香港浸会大学的约翰·鲍尔斯(John

---

① 参见〔美〕唐纳德·L.米勒编:《刘易斯·芒福德著作精粹》,宋俊岭、宋一然译,北京:中国建筑工业出版社2010年版,第199页。

② 参见包玉姣:《艺术:一种生命的形式——苏珊·朗格艺术生命形式理论研究》,北京:中国社会科学出版社2013年版,第10—17页。

③ 同上书,第10页。

④ Donald Dryden, "Susanne K. Langer", http://www.huthsteiner.org/Knauth/Susanne.Knath.Langer_Bio_DLB.pdf,访问日期:2019年3月9日。

H. Powers)教授认为,朗格的思想中隐含的命题对构建媒介环境学思想中的一个主要观点——"不同的媒介技术培育不同的文化"——不无裨益,她的著作为发展媒介环境学理论和开展研究工作做出了潜在的贡献。①

一、朗格与媒介环境学相关的主要著作

朗格与媒介环境学有关的著作主要有七部②,本书研究的内容主要体现在她的两部著作中,即《哲学新解》和《感受与形式》。朗格的其他几部著作,也都或多或少地和媒介环境学有关。从思想体系的角度来看,这些作品③不是孤立的,而是彼此联系和渗透的。例如,朗格1924年出版的第一本书《小北斗的遨游和其他童话传说》,是由小故事组成的童话集。表面上看,这些美妙的童话似乎和作者的学术思想没有关系,其实不然。朗格后来说过,神话是形而上学的思维的初级阶段,而哲学所具有的清晰而系统的理性得以产生的非理性源泉,很可能是童年。④ 其他几部著作也

---

① 参见〔美〕林文刚编:《媒介环境学:思想沿革与多维视野》,何道宽译,北京:北京大学出版社2007年版,第234页。

② 这七部著作是:《哲学实践》(The Practice of Philosophy)、《符号逻辑导论》(An Introduction to Symbolic Logic)、《哲学新解:理性、仪式与艺术的象征研究》(Philosophy in a New Key: A Study in the Symbolism of Reason, Rite, and Art)、《感受与形式:自〈哲学新解〉发展出来的一种艺术理论》(也译为《情感与形式》)(Feeling and Form: A Theory of Art Developed from Philosophy in a New Key)、《艺术问题》(Problems of Art)、《哲学随笔》(Philosophical Sketches)、三卷本《心灵:论人类情感》(Mind: An Essay on Human Feeling)。

③ 除了上文提到的七部著作外,朗格还有其他著作、译作,如:《小北斗的遨游和其他童话传说》(The Cruise of the Little Dipper and Other Fairy Tales)、《语言与神话》(Ernst Cassirer, Language and Myth, translated by Langer, New York: Harper, 1946)。

④ 参见李欣人:《苏珊·朗格艺术哲学研究》,山东大学博士学位论文,2003年,第2页。

是如此，例如：《心灵：论人类情感》是《感受与形式》的续篇①；朗格在《哲学实践》中认为人类心智的解放要依赖符号逻辑训练，并沿着这个思路出版了《符号逻辑导论》②；朗格在《感受与形式》和《艺术问题》中都谈到了艺术创造的幻象问题。上述作品在思想上服务于朗格的终极学术目标——生成一种心灵哲学。

朗格的第一本学术著作是《哲学实践》。她在此书中深入地探讨了哲学研究的目的、方法和成就。朗格认为，人类心智的真正解放，必须经过符号逻辑的训练。③ 朗格的哲学方法可以激励媒介环境学学者系统地从事工作：确认和界定少数重要的核心术语，以便构建一个概念系统，而在用这个概念系统讨论问题时，如果发现由于概念导致了观念上的矛盾，就要重新创造术语。在朗格看来，一个新领域的发展有赖于研究者进行大量细致的哲学层次的建设。④

逻辑分析在朗格的哲学研究中处于重要的位置，这体现在她的第二本学术著作《符号逻辑导论》中。朗格在这本书中指出，符号逻辑对哲学家的重要性就像望远镜对天文学家的重要性一样。正是凭借符号逻辑这一望远镜，朗格对艺术哲学的讨论才具有了新视野。⑤ 朗格还在书中对一些概

---

① 参见〔美〕苏珊·朗格：《感受与形式：自〈哲学新解〉发展出来的一种艺术理论》，高艳萍译，南京：江苏人民出版社2013年版，代译者的话，第4页。

② 参见包玉姣：《艺术：一种生命的形式——苏珊·朗格艺术生命形式理论研究》，北京：中国社会科学出版社2013年版，第17页。

③ 参见王志德：《文化整体观下的艺术哲学——苏珊·朗格美学思想新探》，《东南大学学报（哲学社会科学版）》2012年第6期，第64页。

④ 参见〔美〕林文刚编：《媒介环境学：思想沿革与多维视野》，何道宽译，北京：北京大学出版社2007年版，第234、235页。

⑤ 参见包玉姣：《艺术：一种生命的形式——苏珊·朗格艺术生命形式理论研究》，北京：中国社会科学出版社2013年版，第17页。

念做了解释，其中就包括媒介环境学关注的重要概念——媒介（详见本书第八章）。

朗格最著名的两部著作是《哲学新解》和《感受与形式》。这两部著作中阐述的主要内容有助于构建媒介环境学的一个主要观点——不同的媒介技术培育不同的文化。

《哲学新解》应该成为每一个媒介环境学学者的必读书。该书通过评价音乐，探讨了所有的艺术理论。书中涉及的主题很多，如语言、音乐、抽象概念、神话等。朗格通过这些内容论述了一个共同的主题，即符号的转换是人类心灵的本质特征。书中的一个主要观点是，人类优于动物，不是因为人类具有超强的灵敏性或良好的记忆力，而是因为人类拥有运用符号的能力。人脑不同于其他动物的大脑，人脑具有将生活中的感知内容转换为不同符号的能力。以此为基础，朗格对符号进行了划分。她对符号的划分可以分为两步：第一步，将符号分为一般性符号和表现性符号。一般性符号人和动物都会使用，例如某人或者大猩猩通过打手势来表达一定的意思。表现性符号则是人类独特的心灵基础，如语言、音乐等。第二步，将人类的表现性符号划分为两种不同的模式，即推理性符号模式和非推理性（表现性）符号模式。[①]

推理性符号模式和非推理性（表现性）符号模式产生的基础是人类心灵把经验转化为符号的独特需求。这是两种截然不同的表征模式。严格地讲，推理性符号模式指的就是语言；表现性符号模式包括所谓的艺术，如绘画、摄影、音乐、舞蹈、雕塑、建筑和电影等。前者表现的是能用语言逻辑表达的思想，后者表现的是难以用语言逻辑表达的人类情感体验。朗

---

① 参见〔美〕林文刚编：《媒介环境学：思想沿革与多维视野》，何道宽译，北京：北京大学出版社 2007 年版，第 234—235 页。

格不希望人类用语言述说摄影、电影、绘画、音乐或者舞蹈,这意味着表现性符号模式不具备论辩和推理的功能。

在《感受与形式》中,朗格阐述了许多表现性符号模式,即艺术的不同形式。朗格认为,不同的艺术形式,如绘画、建筑、音乐、舞蹈、文学等具有不同的特性,因此可以表达不同的人生体验。

在《感受与形式》之后,朗格出版的两部著作是《艺术问题》和《哲学随笔》。《艺术问题》收集了朗格的部分演讲稿和论文,谈论了艺术的创造性问题,以及朗格对具体的艺术门类如舞蹈、绘画等的看法。《哲学随笔》收集了一些朗格关于哲学主题的素描式的随笔,也论及了心灵哲学问题。

之后,在《心灵:论人类情感》这部著作中,朗格在符号理论的基础上,揭示了人类心灵的成长过程。在强大的进化压力下,人类的心灵得以锻造,如果要理解人类心灵的神秘性,就要理解朗格之前的著作中界定的推理性符号模式和表现性符号模式,以及它们作为媒介和人类心灵的关系。[1]

二、符号模式分类理论对媒介环境学的贡献

朗格关注并思考的一个核心问题是:各种不同的符号模式,从语言到音乐、舞蹈等,在人类思想和情感的建构过程中起的作用是什么?

朗格认为,人类心灵的独特之处在于能用不同的符号表征不同的经验。推理性符号模式有助于线性思维、逻辑思维的展开,有助于重构思想,使之以语法的序列展开。"语言是人类发明的最惊人的符号体系。在

---

[1] 参见〔美〕林文刚编:《媒介环境学:思想沿革与多维视野》,何道宽译,北京:北京大学出版社2007年版,第235—242页。

语言中，独立的词汇被用来表达经验上简单的一一对应的单位。"[①] 表现性符号模式表达的则是人类在瞬间确认和领会的丰富情绪。如在论述舞蹈时，朗格说：舞蹈是一种可感知的形式，它表现或具备了人类情感的种种特征，这就是人们所谓的"内在生活"所具有的节奏和联系、转折和中断、复杂性和丰富性等特征。在这些特征中，还有直接的经验流。同时，朗格指出：我所说的"内心生活"，是指一个人对其自身历史发展的内心写照……在通常情况下，这类经验只能被我们模糊地意识到，因为它的组成成分大部分都是不可名状的。不管我们的感受是多么强烈。[②]

如前所述，媒介环境学的一个主要观点是"不同的媒介技术培育出不同的文化"，即不同的媒介技术对人类认知世界的方式会产生不同的影响，而朗格思考的是"推理性和表现性符号模式在人类思想和情感的建构中起什么作用"这一问题。朗格认为，不同的符号系统对人类经验的不同侧面进行编码，所以，她将人类使用的符号分为不同的模式。从这个角度看，我们就很容易理解，之所以说朗格是媒介环境学的先驱，并不是因为她所做的语言和其他形式的符号分析已经达到了完美的程度，而是因为她提出了上述具有媒介环境学研究意味的问题。[③]

朗格的心灵哲学旨在给一切人文和科学提供扎实的研究基础，然而她本人只沿着一条思路研究问题，即人类心灵符号演化理论，其著作并未涉

---

① 〔美〕苏珊·朗格：《情感与形式》，刘大基、傅志强、周发祥译，北京：中国社会科学出版社1986年版，第40页。
② 参见〔美〕苏珊·朗格：《艺术问题》，滕守尧、朱疆源译，南京：南京出版社2006年版，第9页。
③ 参见〔美〕林文刚编：《媒介环境学：思想沿革与多维视野》，何道宽译，北京：北京大学出版社2007年版，第232、233页。

及很多传播领域的内容。① 朗格也没有对当时已经存在的互联网进行单独的研究,没有对可能出现的新媒体时代做出预测。

朗格对媒介环境学的贡献,体现在很多方面。她的思想不仅有利于媒介环境学理论的整体建设,而且有利于媒介环境学个别理论的拓展,比如,她的思想给媒介环境学延伸理论中"媒介是世界的延伸"这一论断提供了支持(详见本书第八章),对互联网研究具有重要意义。

---

① 参见〔美〕林文刚编:《媒介环境学:思想沿革与多维视野》,何道宽译,北京:北京大学出版社2007年版,第258页。

第三章　媒介环境学第一代主要代表人物及其思想

第一节　埃里克·哈弗洛克：与麦克卢汉齐名的学者

哈弗洛克（1903—1988）出生于伦敦，在苏格兰长大，1922年开始在剑桥大学弗朗西斯·麦克唐纳·康福德（Francis Macdonald Cornford）的指导下学习古典文学。哈弗洛克于1926—1929年在加拿大阿卡迪亚大学担任古典文学专业助教和副教授；1929—1947年任加拿大多伦多大学维多利亚学院古典文学专业副教授；1944年，当选安大略湖古典文学委员会创始主席；1947—1963年任哈佛大学副教授、教授；1963—1971年任耶鲁大学古典文学斯特林讲席教授（Sterling Professor）[①]，1971年退休。

哈弗洛克在西方学界享有盛名。他的代表作《柏拉图导论》（*Preface to Plato*）自1963年由哈佛大学出版社出版后，产生了广泛的影响。在书中，他追溯了自己的"口语文化"思想的发展历程。哈弗洛克的作品还包括《缪斯学会写字》《希腊的拼音文字革命及其文化影响》《西方书面文化的

[①] 美国耶鲁大学最高级别的学术称号，用于奖励在某个领域学术研究表现突出的教授。

源头》等，这些书是他全方位研究古希腊文化的累累硕果。①

哈弗洛克重视研究媒介本身，他试图去理解在特定媒介主导的社会中文化是如何产生的。他被视为与麦克卢汉齐名的学者②，还被波斯曼誉为一位伟大的学者③。然而，在国内传播学研究中，关于哈弗洛克的主题研究不多。相关研究通常是在论及媒介环境学发展史或是在讨论与麦克卢汉、波斯曼等有关的问题时会提到哈弗洛克及其学术成果。

一、主要学术观点

哈弗洛克的一个主要学术观点是：在希腊，从口头传统到书面传统的转移对文化的形成具有深刻的意义，口头传统和书面传统塑造的是不同的文化。

哈弗洛克的主要学术观点集中体现在《柏拉图导论》中。《柏拉图导论》由前言和正文两部分组成。在前言中，哈弗洛克认为，所有人类文明都依赖一种文化"书籍"。在荷马之前的时代，希腊人的这种文化"书籍"是"口语"；而在荷马和柏拉图之间，信息开始以字母记录的方式被储存，相应的结果是，眼睛取代了耳朵成为使用文化"书籍"的主要器官。④

《柏拉图导论》令人信服地证明了希腊文字与希腊思想的重构紧密地联系在一起。《柏拉图导论》的正文由两部分组成。第一部分是"意象思

---

① 参见〔美〕沃尔特·翁：《口语文化与书面文化》，何道宽译，北京：北京大学出版社2008年版，译者前言，第4页。
② 同上。
③ 参见〔美〕林文刚编：《媒介环境学：思想沿革与多维视野》，何道宽译，北京：北京大学出版社2007年版，第43页。
④ Eric Alfred Havelock, *Preface to Plato*, Cambridge: Harvard University Press, 1963, Foreword, p. VII.

维者"（The Image-Thinkers），第二部分是"柏拉图主义的必要性"（The Necessity of Platonism）。① 在正文中，哈弗洛克主要探讨了口头传统、书面传统和文化的关系，以及文字和柏拉图思想之间的紧密联系。他认为，柏拉图把诗人排除在他理想的共和国之外，是因为他排斥质朴的、口语式的思维方式。《荷马史诗》使这种质朴的思维方式永世长存，柏拉图却反其道而行之，用文字深入分析和解剖这个世界，分析和解剖思想本身。②

二、哈弗洛克与麦克卢汉的学术研究之间的联系

如果将哈弗洛克的学术研究与麦克卢汉的学术研究进行比较，会发现一个有趣的现象，即二者在诸多方面有相同或相似之处。

（一）学术贡献

哈弗洛克和麦克卢汉的研究都对媒介环境学领域的一个基本观点的形成做出了贡献，即媒介是文化能够在其中生长的技术。

麦克卢汉的思想国内学界比较熟悉，简单地讲，他关注媒介技术本身对文化的塑造作用，认为媒介技术能创造环境。哈弗洛克的贡献在于，他发现了培养文化生长的两种媒介，并认为在其中生长出了不同的希腊文化。虽然这是他在研究文学时形成的理论，但这并不妨碍他的思想为媒介环境学提供营养。

哈弗洛克和麦克卢汉一样，都研究媒介技术本身。不过，麦克卢汉研

---

① Eric Alfred Havelock, *Preface to Plato*, Cambridge: Harvard University Press, 1963, Foreword, p. Ⅶ.
② 参见〔美〕沃尔特·翁:《口语文化与书面文化》,何道宽译,北京:北京大学出版社2008年版,第20页。

究的媒介技术范围宽泛,涉及广播、电视、印刷术、服装、住宅、货币、时钟、轮子、游戏、电话、电影等,而哈弗洛克主要研究两种媒介技术:口语和文字。

(二)学术经历

哈弗洛克和麦克卢汉都是研究文学出身,都对诗歌感兴趣,都从诗歌出发去思考问题并且得出了相似的结论。他们的这种学术经历很相似。

众所周知,在职业生涯早期,麦克卢汉是英语教授和文学批评家。从20世纪40年代起,他从文学研究转向传播学研究。[①] 麦克卢汉在研究诗歌的过程中发现,诗歌的内容能产生一种效果,而诗歌本身能产生另一种效果;这两种效果是不一样的。这与媒介技术和媒介传播的内容的关系大体相同:报纸、电影、广播、电视本身对社会具有一种效果,而它们传播的内容具有另外一种效果。而且,媒介技术本身对社会产生的效果与其内容是不相关的。[②]

哈弗洛克所学专业也是文学。在学习过程中,他通过研究柏拉图对诗歌的态度,形成了口语和文字作为"媒介本身"会影响社会文化的深刻思想。

(三)学术身份

哈弗洛克和麦克卢汉同为媒介环境学派第一代代表人物,均为教授,且都曾在多伦多大学供职:哈弗洛克于20世纪20年代末到40年代末在多伦多大学维多利亚学院执教;麦克卢汉则从1946年开始在多伦多大学圣麦

[①] 参见何道宽:《麦克卢汉的学术转向》,《杭州师范学院学报(社会科学版)》2005年第2期,第58页。

[②] 参见郭镇之:《关于麦克卢汉的思想——与埃里克·麦克卢汉博士的一次访谈》,《现代传播》1999年第4期,第16页。

克学院执教,直到去世。①

(四)学术爱好

"媒介即人的延伸""处处皆中心,无处是边缘""机器把自然变成艺术品""媒介即按摩""精神分裂症也许是书面文化的必然结果"……这些都是麦克卢汉形式独特、闻名遐迩的学术论断。麦克卢汉因其学术表达风格独树一帜而闻名,他的表达方式的特点可以概括为:偏爱格言警语,不求明白说话。②

哈弗洛克不像麦克卢汉那样喜欢用格言警句、隽永小语来表达思想,但他喜欢研究类似格言的简短精辟的妙语。哈弗洛克在写作《希腊政治的开明气质》(The Liberal Temper in Greek Politics)时,已经对这类文字产生了兴趣,他认为:"在口语社会里,道德信条即关于个人举止和公共言行正误的文化传统,唯有依赖口语的某些特征才能够保存下来,才能够正常运行。格言警句不只是《圣经》之类的大部头里的只言片语,而且是浓缩而紧凑的口语形式,道德指南可以注入其中;正因为它的口语形式,它才容易被牢记心间。"③

(五)学术著作

1964年,麦克卢汉出版了《理解媒介》;哈弗洛克的代表作《柏拉图导论》则出版于1963年,早《理解媒介》一年。这两部作品都是西方社

---

① 参见何道宽:《麦克卢汉的学术转向》,《杭州师范学院学报(社会科学版)》2005年第2期,第60页。

② 参见何道宽:《媒介即文化——麦克卢汉媒介理论批评》,《现代传播》2000年第6期,第25页。

③ 〔美〕林文刚编:《媒介环境学:思想沿革与多维视野》,何道宽译,北京:北京大学出版社2007年版,第260页。

会科学研究领域的经典著作。《理解媒介》被称为"20世纪为数不多的重要思想著作之一"①；《柏拉图导论》被认为是"对口语文化的运作最精当的记述之一"②。

这两部作品都给思想界带来了巨大的冲击，并引发了争议，曾分别被形容为"地震"和"洪水"。

《理解媒介》在当时是一部奇书，它的出版堪称横空出世，在西方世界引起了一场大地震。③ 学界对它褒贬不一，直至今日仍有不同的看法并存。

至于《柏拉图导论》，如艾奥瓦大学教授布鲁斯·格龙贝克（Bruce E. Gronbeck）所言，书中阐述的对口语、文字的理解，在1963年以雷霆之势登场，释放出洪水泛滥般令人震惊的新认识。④ 对《柏拉图导论》的争论从它诞生之日起直到今天从未停止。

无论是在媒介环境学研究的历史上，还是在西方社会科学研究的历史上，哈弗洛克和麦克卢汉都可被视为思想巨人。他们的思想丰富、精彩、深刻，引发了后人持续的研究热情。他们引发的争议持久而热烈，绵延至今。这些事实从一个侧面反映出他们的思想的卓越和深邃。

哈弗洛克和麦克卢汉同为媒介环境学第一代的代表人物，都为媒介环境学的基本问题的形成做出了贡献。然而，在国内，哈弗洛克的名气远不

---

① 参见何道宽：《为什么要纪念麦克卢汉》，http://roll.sohu.com/20110721/n314362590.shtml?qq-pf-to=pcqq.c2c，2011年7月21日，访问日期：2020年6月8日。

② 〔美〕林文刚编：《媒介环境学：思想沿革与多维视野》，何道宽译，北京：北京大学出版社2007年版，第260—266页。

③ 参见何道宽：《"天书"能读——麦克卢汉的当代诠释》，《四川外语学院学报》2003年第1期，第123页。

④ 参见〔美〕林文刚编：《媒介环境学：思想沿革与多维视野》，何道宽译，北京：北京大学出版社2007年版，第259页。

如麦克卢汉大。如果说国内对麦克卢汉的研究已经是一片青草、鲜花繁茂生长的芳草地，那么，对哈弗洛克的研究就像是一片贫瘠的沙漠，亟待种以绿植和浇水灌溉。

第二节 哈罗德·亚当斯·英尼斯：帝国与传播的偏向

英尼斯（1894—1952）出生于加拿大安大略省，1913年开始在麦克马斯特大学学习，大学毕业后参加了远征军。第一次世界大战后，英尼斯再入麦克马斯特大学学习，获得硕士学位，旋即转入芝加哥大学攻读经济学，并完成博士论文《加拿大太平洋铁路史》（"A History of the Canadian Pacific Railway"）。1920年，他开始在多伦多大学执教，1937年起任多伦多大学政治经济学系主任，同时担任该校研究生院院长。1952年，英尼斯身患癌症英年早逝，享年58岁。[①]

一、媒介偏向论

英尼斯和麦克卢汉一同被誉为多伦多传播学派的双星，他还被认为开创了"媒介决定论"的先河，因为英尼斯是提出"媒介具有偏向性"的第一人。

英尼斯提出媒介偏向理论，可谓有感而发。第一次世界大战暴露了当时西方文明咄咄逼人的扩张性质，英国、法国、德国、美国投入血战就是为了资源、领土和市场的扩张，加拿大感受到了巨大的压力。加拿大的尊严和发展方向在哪里？加拿大如何能够不依附于人？如何抗拒其他国家对

---

① 参见〔加〕哈罗德·伊尼斯：《变化中的时间观念》，何道宽译，北京：中国传媒大学出版社2015年版，译者序，第1—2页；凯利序，第17、18页。

加拿大的挤压？基于对西方文明的思考，以及对自己国家的忧虑，英尼斯开始了学术探索。英尼斯认为，无论从哪个角度看，加拿大都应该是经济、学术独立的，而不应处于边缘地位。①

英尼斯从宏观角度出发研究自己的国家。在考察了加拿大的经济史后，为了研究加拿大的文明缔造过程，他又开始探索更加宏大的主题和领域——文明史、传播史。在这一过程中，英尼斯提出媒介技术具有"偏向性"，总结了文明发展的教训。

英尼斯的研究成果主要反映在他的博士论文及《传播的偏向》《帝国与传播》《变化中的时间观念》三本书中（《传播的历史》一书未完成）。在1951年问世、至今仍被新闻传播学界奉为圭臬的著作《传播的偏向》一书中，他完整、系统地叙述了媒介偏向理论。

在英尼斯的理论体系中，传播媒介的偏向主要分为口头传播和书面传播的偏向、时间的偏向和空间的偏向，媒介因此也可以被分为两大类：利于时间延续的媒介和利于空间延伸的媒介。英尼斯指出，某种媒介的特征决定了它们承载的信息是更适合时间上的纵向传播，还是空间上的横向传播。例如，当某种媒介沉重耐久、运输难度大的时候，它承载的信息更适合在时间上纵向传播；反之，当某种媒介很轻便时，它占有的是空间优势，有利于信息的横向传播。一切文化都必须在时间上延续，在空间上延伸。②

在英尼斯看来，媒介技术本身的特性，会导致文化在时间、空间上也产生偏向，这就扰乱了时间和空间的平衡，例如，相对于石版文字和泥版

---

① 参见〔加〕哈罗德·伊尼斯：《传播的偏向》，何道宽译，北京：中国人民大学出版社2003年版，译者序言，第4、5页。

② 同上书，第5、6页。

文字，印刷文字更适合于在空间上拓进。印刷文字表现出对空间兴趣的偏向，所以西方文明对时间的延续问题缺乏兴趣。西方国家的兴趣主要表现在空间方面，即领土的扩展，所以部分国家愿意诉诸战争来实现自己的空间利益。英尼斯认为，时间偏向和空间偏向有可能达到平衡，这个理想境界是在口语文化占主导的社会中实现的，即古希腊社会。进而，他认为：这种理想的平衡境界可以给当代文明带来重要的启示；希腊文明是个榜样，值得研究和思考。

在将口语传统树立为榜样的同时，英尼斯对书面传统进行了批判。他直截了当地表明了自己对书面传统的惋惜之情。在他看来，印刷术导致人类进入一种眼睛占据支配地位的文明。他认为：眼睛以及使用眼睛的传播，如文字传播，受到空间的束缚（使用耳朵的传播，如口头传播，受到时间的束缚）；在使用眼睛的媒介占主导地位的社会中，视觉本位传播占据了垄断地位；这种传播进入西方文明后，过分强调个人主义，带来了战争的威胁，从而影响到人类和平。① 总之，在英尼斯看来，不同媒介具有的不同偏向导致了不同文明的产生，而人类应该以史为鉴。

二、"界面"的研究方法

有时，英尼斯对媒介技术的阐述不是很清晰，甚至让人摸不着头脑。例如，英尼斯说，"广播这个新媒介是个挑战，它诉诸人的耳朵，而不是人的眼睛，因此它强调的是集中化"。英尼斯关于广播的这个观点，让麦克卢汉都觉得不可思议。麦克卢汉谈道：在这个问题上，英尼斯陷入了催眠状态。他关于广播的观点，说明他没有忠实于自己的研究。他曾说眼睛

---

① 参见〔加〕哈罗德·伊尼斯：《传播的偏向》，何道宽译，北京：中国人民大学出版社2003年版，译者序言，第4—7页。

受到空间的束缚,耳朵受到时间的束缚。然而,突然之间,他从广播的听觉世界转入视觉世界的轨道,把视觉文化的一切集中化力量都套到广播的头上。① 那么,我们的问题是:到底是听觉文化具有集中化的力量,还是视觉文化具有集中化的力量?

再如,英尼斯说:"印刷术和摄影术是视觉本位的传播,这种传播产生的垄断,给西方文明构成毁灭性威胁。先是战争的威胁,后是和平的威胁。这种垄断强调个人主义,随后又突出非稳定性,并且造成了民主、新闻自由和言论自由等标语口号的幻觉。"② 他又说:"书籍是长期思考的成果,具有稳定的影响。但是,这种影响却被期刊和报纸的增长破坏了。"③ 很明显,他的观点是自相矛盾的。他既然说印刷术、摄影术都是视觉本位的传播,突出非稳定性,为什么又说书籍具有稳定的影响?书籍、期刊和报纸都是印刷媒介,都是视觉本位的传播,为什么有的具有稳定的影响,有的却具有不稳定的影响?印刷媒介到底具有稳定的影响,还是具有不稳定的影响?

关于上述问题,英尼斯的表达含混不清,没有给出准确的判断,也没有进行明确、详细的解释。其实,这一点和麦克卢汉很像。麦克卢汉提出了很多论断,至于它们究竟为何意,见仁见智,还得靠研究者自己去研读原典,悉心体会。④ 英尼斯的情况同样如此。

关于这种现象产生的原因,麦克卢汉认为,是英尼斯在研究中采用了"界面"这一研究方法。界面研究法的研究过程是研究者通过将不同的东

---

① 参见〔加〕哈罗德·伊尼斯:《传播的偏向》,何道宽译,北京:中国人民大学出版社2003年版,麦克卢汉序言,第5页。

② 同上书,第65页。

③ 同上书,第64页。

④ 参见李彬:《传播学引论》,北京:新华出版社2003年版,第431页。

西并置、拼贴为无边界无中心的"马赛克"图像,让不同部分之间相互作用,然后对相互影响的复杂过程产生顿悟。① 界面研究法不是科学实证主义的方法,基于这一方法的思想不是线性的、逻辑的,而是直觉的、相对的、破碎的。麦克卢汉认为:"写《加拿大的皮货贸易》的早期的'伊尼斯',在很大程度上,谨守常规的、只做报道和叙述的学术模式。到了皮货贸易研究的末期,他才冒险把复杂的事情编结起来,以揭示变革的因果关系。""他的研究方法为之一变,从'观点'出发的方法转到'界面'的方法,以生成洞见。"②

关于自己的学术研究,英尼斯本人认为,"自己的洞察技巧产生惊奇和聪明的喜剧,给人们带来无穷的喜悦"。然而,我们只能说:"时髦的脑子是拒绝时间束缚的脑子",英尼斯的探索结果,使用的这种"洞见"的表述模式,其包装是不适合消费者的口味的。③

尽管存在上述问题,英尼斯的学术研究仍然被认为具有重要的意义。这不仅因为他视野宏大,而且因为他具有文化良心。1994年,在英尼斯百年诞辰之际,多伦多大学和其他几所大学联手举行仪式纪念加拿大的这位学术泰斗。媒介环境学学者永远记得,英尼斯奠定了媒介环境学多伦多学派的基石。英尼斯的"媒介偏向论"似乎着重研究世界文化史、传播史,然而,实际上,他的研究体现了强烈的现实关怀,他希望给偏重空间扩张的西方文明敲响警钟。

---

① 参见李昕揆:《印刷术与西方现代性的形成:麦克卢汉印刷媒介思想研究》,北京:商务印书馆2018年版,第28页。

② 〔加〕哈罗德·伊尼斯:《传播的偏向》,何道宽译,北京:中国人民大学出版社2003年版,麦克卢汉序言,第2页。

③ 同上书,麦克卢汉序言,第1、6、7页。

第三节 马歇尔·麦克卢汉:"马赛克"式的观点

麦克卢汉(1911—1980)出生于加拿大阿尔伯塔省埃德蒙顿市一个普通商人家庭,1928年进入加拿大曼尼托巴大学学习,1933年获得文学学士学位,1934年在同一所大学获得硕士学位。他认为自己应该进一步发展,于是前往剑桥大学求学。按照当时剑桥大学的要求,他在曼尼托巴大学取得的学士和硕士学位无效,因此他重新成为一名本科生。麦克卢汉于1936年拿到了剑桥大学的学士学位之后,前往美国威斯康星大学英语系任助教,1937年前往圣路易斯大学英语系任教师。1939年麦克卢汉第二次到剑桥大学求学,1943年获得剑桥大学博士学位。1946年,麦克卢汉接受加拿大多伦多大学圣迈克学院的任教邀请,举家迁至多伦多,结束了萍踪浪迹的生涯。此后,除了1967年秋天到1968年秋天在美国纽约福特汉姆大学度过的一年外,他的余生都在多伦多生活和教学。1964年,他因《理解媒介》一书一举成名。[①]

麦克卢汉是媒介环境学派的神奇人物,他关于媒介的预言一个个地变成了现实,而且,预言成真的速度之快、内容之准,令人叹为观止!因其出类拔萃的学术表现和复杂的社会影响力,他成为一位颇有名气但也具争议的媒介环境学家。

麦克卢汉的学术研究方法,是学术界争论的焦点。他的见解,在被后世媒介技术发展的现实准确验证的同时,也"收获"了激烈的批评,例如,他的理论究竟是学术成果还是修辞艺术,抑或是文字游戏?本书的其

[①] 参见〔加〕菲利普·马尔尚:《麦克卢汉:媒介及信使》,何道宽译,北京:中国人民大学出版社2003年版,第4、16、34、48、53、61、87、212、289页。

他章节多处引用和评价了麦克卢汉的思想,此处我们主要讨论他的两个著名的论断以及他的"马赛克"式的观点。

一、媒介即讯息

麦克卢汉最负盛名的论断无疑是"媒介即讯息"(The medium is the message)。虽然早在1958年的全美广播电视教育工作者协会年会上,麦克卢汉就做出了这一论断,但是,它在当时的演讲中只是被一带而过,并未得到充分展开,也没有引起人们的重视。后来,"媒介即讯息"这一表述主要集中出现在《理解媒介:论人的延伸》一书中。

麦克卢汉认为,在分析塑造人类历史和社会的因素时,由于媒介技术被人们在日常生活中使用,因此容易成为被忽视的隐蔽力量(现在媒介技术已经不再是被人忽视的力量了,传播学界充分认识到了这一点),但媒介即讯息,"任何媒介(人的任何延伸),对个人和社会的任何影响,都是由于新的尺度产生的;我们的任何一种延伸(或曰任何一种新的技术),都要在我们的事物中引进一种新的尺度"①。媒介技术本身所传播的"讯息"之所以具有影响力,是因为它有能力改变或者扭曲已经存在的"旧媒介"秩序,重新塑造"新媒介"秩序。

麦克卢汉试图把我们的注意力从内容引向媒介技术。媒介技术所传播的内容夺走了我们的注意力,损害了我们对媒介技术的理解,甚至损害了我们对媒介技术的感知。在这一点上,内容很像阳光,阳光使人目眩,使人看不见天上的星星。我们经常思考和谈起在书籍、杂志中读到的东西,在广播中听到的东西,在电视上看到的东西,但很少去思考"书籍""广

---

① 〔加〕马歇尔·麦克卢汉:《理解媒介:论人的延伸》,何道宽译,南京:译林出版社2019年版,第19页。

播""电视"本身。①

在麦克卢汉之前，人们大多无视或忽视媒介技术的存在，只关注媒介技术所承载的内容。麦克卢汉试图改变这一现象，他的惊人之举是高喊媒介本身就是讯息。他的理论打破了"媒介技术仅是表现和服务内容的外在形式"这一观点，不仅让人们看到了媒介技术对信息、知识的反作用，而且将这种反作用放到了极重要的位置。从本质上说，媒介技术是人类认识活动的工具，对认识活动及其结果具有决定性的作用，它为人类打开了通向新感知和新型活动领域的大门。② 一部媒介发展史，就是一部人的物质世界和精神世界被"延伸"的历史，这些"延伸"在不断地重塑着人的感知和思维的历史。③

对媒介研究而言，对媒介技术本身进行研究，是一个伟大的开端。麦克卢汉对媒介技术本身的强调，点燃了人们的兴趣，引发了后人对他和他的思想的热情关注。

从另一个角度看，麦克卢汉有能力让人们对他和他的思想保持持续的关注，因为他的论断往往具有多重含义。麦克卢汉刻意追求的这种表达方式，正体现了他的聪明之处。"麦克卢汉式"的表达不好理解、神秘莫测，因此吸引人们不断去解释、补充。

"媒介即讯息"不仅提醒人们去关注媒介技术及其对人类文化的影响，而且向人类发出了强烈的警示。它想要告诉人们的内容还包括：媒介技术

---

① 参见〔美〕保罗·莱文森：《数字麦克卢汉——信息化新纪元指南》，何道宽译，北京：社会科学文献出版社2001年版，第51页。
② 参见吴晓恩：《逃离电子文化的陷阱——尼尔·波兹曼媒介学思想研究》，北京：北京大学出版社2015年版，第64、65页。
③ 参见李曦珍：《理解麦克卢汉：当代西方媒介技术哲学研究》，北京：人民出版社2014年版，第217页。

具有强大的力量,媒介技术简直就是武器。"倘使人看不见他所走的方向,他就不可能自由,即使他携枪达到目的,他也不能获得自由。因为每一种媒介同时又是一件强大的武器,它可以用来打垮别的媒介,也可以用来打垮别的群体,结果就使当代成为内战频仍的时代。"① 互联网将广播、电视打败,使广播、电视成为它的一部分,而人们也可以利用互联网打败别的群体。况且,"战争"并不局限在媒介技术之间,它发生的范围非常广阔,在互联网上每天都上演着"混战",从政治到经济,再到文化领域。

二、媒介延伸人的意识

麦克卢汉提出了著名的论断——"媒介是人的延伸"。确实,"媒介即技术可以是人的任何延伸"②。媒介技术对人的延伸自然包括对人的意识的延伸。

人们称赞麦克卢汉对媒介技术做出的预言精准、神奇。现在,媒介技术已经实现了对人类意识的动态、超前、可预见的延伸。人类未来想做的,未来将发生的,媒介技术都能提前运作和完成。这就好像 GPS(Global Positioning System)能对行驶路线进行监控与导航。驾驶汽车的人在还没有经过可能会经过的道路,还没有到达想要到达的地点时,GPS 已经提前经过和到达了。

合理的猜测是,未来的技术能够知道人类的想法并帮助人类提前实现这些想法。那时,汽车、飞机可能不需要人类用手和脚去操作了,人类只

---

① 〔加〕马歇尔·麦克卢汉:《理解媒介:论人的延伸》,何道宽译,南京:译林出版社 2019 年版,第 33 页。

② 同上书,第 25 页。

需要坐在驾驶座上，想一想自己要去某地，在比现在的 GPS 更高级的媒介技术的帮助下，就能到达这个地方。

上述媒介技术对人的延伸的内容，是"意识层面"的。更具有讨论意义的是，媒介技术未来要延伸的，还包括潜意识、无意识层面的内容。

人的意识主要包括意识层面、潜意识层面、无意识层面。西方社会科学研究长期在意识层面探寻究竟，即大脑能意识到的理性层面。所以，西方主流传播学研究长期以来也处于理性层面，比如，借助诸多实证研究去了解媒介传播的内容对人们的影响。

然而，麦克卢汉一反常态，一鸣惊人，以他卓尔不群的研究风格自成一家。他喜欢以貌似灵感突发的方式高谈阔论，提出种种奇异的观点，而隐藏于这些观点背后的运思过程显得扑朔迷离。他的"马赛克"式的洞见，往往不像其他传播学研究那样遵循逻辑。[1] 谈到逻辑，我们必须谈一下西格蒙德·弗洛伊德和尼采的思想。

在意识的探寻方面，弗洛伊德给西方社会科学研究开掘出一条路。他认为自己是一个"心灵的考古学家"，在每一个个体的无意识记忆中挖掘往事。[2] 弗洛伊德发现，相当一部分人的意识不处于理性层面，而属于无意识、潜意识的范围。他发现很多精神病患者生病的原因在于用理性把意识压抑在了潜意识、无意识层面，如果用催眠术把潜意识、无意识的内容唤醒，使其进入理性的意识层面，病可能就好了。

大量的潜意识、无意识是人类自己意识不到的。例如，某个人感觉很

---

[1] 参见范龙：《媒介现象学：麦克卢汉传播思想研究》，北京：中国大百科全书出版社 2012 年版，第 1 页。

[2] 参见〔美〕E. M. 罗杰斯：《传播学史——一种传记式的方法》，殷晓蓉译，上海：上海译文出版社 2005 年版，第 60 页。

痛苦,这时大脑就会被调动起来,发出暗示——我并不痛苦,但结果很可能徒劳无功。原因在于,理性不能控制潜意识和无意识,理性所做的努力常常是无谓的。

然而,尼采要颠覆的就是理性。尼采认为,生命的动力有两个精神来源:太阳神阿波罗精神和酒神狄奥尼索斯精神。人类诞生时,在潜意识、无意识之中,同时拥有这两种深层的精神。太阳神精神的特质是给予光照、大爱;酒神精神意味着一种来自生命本能的、艺术的创造力。酒神的典型例子如凡·高和毕加索。他们都很有创造力,同时具有一种摧毁的力量。酒神精神可以用一个"醉"字来比喻,因为狄奥尼索斯具有一种激情,充满欢乐的和歌唱的激情,这种激情令人沉醉,在万物复苏、生灵欢畅的春天表现得很明显。[①] 只不过,在人类社会化的过程中,酒神精神被压制了。

尼采具有酒神精神,他想要摧毁、反叛苏格拉底的"科学"的世界。当希腊文化发展到以苏格拉底的哲学思想为主要代表之后,理性思维就显现出来了。苏格拉底总是问为什么,然后就需要解释为什么,于是理性思维就出现了。理性思维是一种遵循逻辑的、对象性的思维方式。由此,人类开始分门别类地建构学科,建立起一个抽象概念的世界,一个需要用逻辑去把握的世界。

尼采认为,西方的理性思维使人的生命和精神都被抽象化了,破碎了,失去了活力,而创造力是四处绽放、波动的力量,怎么能用理性来把握呢?所以,他要颠覆、反叛,他要反对以苏格拉底、亚里士多德为代表

[①] 参见〔德〕尼采:《悲剧的诞生》,赵登荣等译,桂林:漓江出版社2000年版,第22—23页。

的哲学,以及他们在理性层面对世界的探寻。

苏格拉底建立的"科学"的世界,反对的是麦克卢汉式的"直觉的智慧"。麦克卢汉的研究方法为何备受指责?因为他的研究方法是"马赛克"式的、"直觉"式的。麦克卢汉在思考问题的时候,也是具有酒神精神的。他往往不用逻辑去进行线性推理,也不做过多的解释,而是直接得出结论,然后用一个短句直接表达他的结论。所以,即使他的结论是正确的,也是不能被习惯以理性的方式开展研究的西方社会科学界所接受的。他们会质疑:麦克卢汉的研究的科学性在哪里?逻辑在哪里?

在被理性思维控制的世界中,麦克卢汉的研究不仅难以被学界接受,读者亦难以接受,"读者最不习惯的,是他滥用警语、格言、典故、暗喻,还有莫名其妙的'麦克卢汉式'的语言。于是英语和法语里增加了一个词:'麦克卢汉式'。这个戏说之词是法国人发明的,但是它很快不胫而走,在西方学界流行开来"[①]。

无论如何,麦克卢汉的预言是准确的——现在的世界,就是一个"地球村"的新世界。电子媒介重新安排了部落化的人类生存,使人们回到前印刷时代。当然,这种回归是虚拟的。当地球上的物理距离被媒介技术整合至"消失",在电子媒介传播的巨大能量面前,地球虽大,也只是个"村庄"而已。

地球村是一个新的支配性社会结构。媒介技术有能力改变社会的结构。媒介是讯息,这种讯息是人的延伸,是改变社会、影响人类的驱动力量。

[①] 〔美〕保罗·莱文森:《数字麦克卢汉——信息化新纪元指南》,何道宽译,北京:社会科学文献出版社2001年版,译者序,第18页。

第四节　伊丽莎白·爱森斯坦：媒介技术是"代理人"

伊丽莎白·爱森斯坦（1923—2016）出生于美国纽约。她在1944年于瓦萨学院取得学士学位，然后前往拉德克利夫学院攻读硕士和博士学位，并与1953年获得博士学位。1959—1974年，她在美利坚大学担任兼职教授，1975年开始在密歇根大学任历史学教授，直到1988年退休。她曾担任澳大利亚国立大学人文研究中心和行为科学高级研究中心研究员、牛津大学客座教授。①

爱森斯坦以研究早期印刷史，以及印刷术对西方文化变迁所起的作用而闻名。爱森斯坦的著作包括《第一个职业革命家：菲利波·米歇尔·博纳罗蒂（1761—1837）》[*The First Professional Revolutionist: Filippo Michele Buonarroti（1761—1837）*]、《早期近代欧洲的印刷革命》（ *The Printing Revolution in Early Modern Europe* ）、《国外的格鲁布街：从路易十四时代到法国大革命的法国世界性报刊概况》（ *Grub Street Abroad: Aspects of the French Cosmopolitan Press from the Age of Louis XIV to the French Revolution* ）、《神圣的艺术，可憎的机器：西方对印刷术的接受（从最初的印象到最后的感觉）》（ *Divine Art, Infernal Machine: The Reception of Printing in the West from First Impressions to the Sense of an Ending* ）等。但是，上述作品都不如《作为变革动因的印刷机：早期近代欧洲的传播与文化变革》（ *The Printing Press as an Agent of Change: Communications and Cultural Transformations in Early-Modern Europe* ）一书影响大。这本书首次出版于1979年，随后被翻

---

① 根据2020年1月15、16日对伊丽莎白·爱森斯坦的女儿玛格丽特·德莱西（Margaret DeLacy）的电邮访谈。

译成多种语言。这本书甫一问世，就在学术界引起了争论，并为人们的交流和研究指出了新的方向。①

一、爱森斯坦的学术成果对历史研究的意义

爱森斯坦以"印刷术"为主题的研究成果，为近代早期的历史学家"开辟"了一条有趣的研究道路。她说要认识和承认印刷革命，要提出崭新的课题。她确实做到了。她的研究成果的开创性得到了学界的认可。

《作为变革动因的印刷机：早期近代欧洲的传播与文化变革》一书的英文书名中用了一个单词"agent"，这是因为，在爱森斯坦看来，印刷机是"代理人"（agent）。然而，在读者看来，技术作为代理人是奇怪的，因为"代理人"应该具有意识和意图。

然而，爱森斯坦的本意就是要用这个词引起人们对印刷机的重视，她认为媒介技术就是一种促进、形成历史现象的"代理人"。爱森斯坦认为，印刷机本身是有力量的，所以她说，"在研究印刷机的新力量时……""我喜欢强调本书书名里蕴含的人性成分，我将其中的印刷机作为'变革动因'含有这样的意思"②。

爱森斯坦的工作在某种程度上带有一种目的，即试图让历史学家严肃地对待媒介技术。传统的印刷术研究被嵌入关于中世纪、文艺复兴、宗教改革的研究，沦为重要性稍次的历史事件，而爱森斯坦的贡献是：她认为机器印刷必须被分离出来单独研究，且应被视为重大的历史事件。爱森斯坦认为，思想史家和文化史家始终未能在自己的历史图表中为印

---

① 根据 2020 年 1 月 15、16 日对伊丽莎白·爱森斯坦的女儿玛格丽特·德莱西的电邮访谈。
② 〔美〕伊丽莎白·爱森斯坦：《作为变革动因的印刷机：早期近代欧洲的传播与文化变革》，何道宽译，北京：北京大学出版社 2010 年版，第 437 页；前言，第 5 页。

刷术找到一席之地，为了解决这个矛盾，我们有必要更仔细地审视历史研究。我们不要把印刷术的出现和其他革新纠缠在一起，我们必须要把印刷术的出现当作一个事件单独挑选出来研究，对印刷术的研究应该自成一体。①

作为一位有雄心的学者，爱森斯坦从媒介技术的角度去思考历史。不管她的研究引起了多少争议和批评，这一视角对历史研究都具有意义，值得关注。

二、爱森斯坦的学术成果对媒介研究的意义

关于爱森斯坦的学术成果对媒介研究的意义，可以从英国一位名叫罗伯特·多弗（Robert Dover）的律师组织的运动会——多弗运动会（Dover Games）——谈起。

1612—1642年，多弗运动会在英国科茨沃尔德（Cotswold）每年举行一次。它最初的组织者是多弗，比赛以游戏的形式进行。多弗运动会发生在著名的现代资产阶级公共领域出现之前。那时候，参加公共比赛的人不是公共领域里的"公众"，他们是"真正的基督徒""忠诚的臣民"和"英国人"。所以，在科茨沃尔德，一年一度的运动会可能变成一个方法论的工具，一个可以用来观察当时各种力量的变化的工具，而媒介技术集中呈现了各种力量。印刷术是早期现代欧洲社会的一种媒介技术，这种媒介技术可以影响或促成某种历史现象，因为它作用于同一体系中的其他因素，并被这些因素所作用，包括人和非人的因素。非人的因素包括文化、经

---

① 〔美〕伊丽莎白·爱森斯坦：《作为变革动因的印刷机：早期近代欧洲的传播与文化变革》，何道宽译，北京：北京大学出版社2010年版，译序，第4页。

济、政治、地理、语言等,这些因素存在于特定时间的特定空间中。① 这些因素之间的相互作用是非常复杂的,如:专业人士曾经是早期的印刷商天然的盟友,印刷商或出版商控制和使用印刷术,经济、政治可能成为影响印刷商或出版商的行为的背后因素,而印刷商或出版商的行为又可能反过来影响经济、政治、语言等。

对上述内容的呈现旨在说明,影响或促成历史的力量——"代理人"有多种,包括信仰宗教的人、多弗本人、各种政治流派,以及媒介技术等。爱森斯坦的研究意在提醒人们将媒介技术视为社会行为体加以考察。

同时,爱森斯坦提出,要注意研究不同的媒介技术之间的区别,因为"代理人"是彼此有别的。这意味着媒介研究者可以去思考"通过不同的媒介技术被表现的人"的不同。比如,在多弗运动会这个案例中,媒介研究者应该去考察通过"体育比赛这种媒介被表现的人"和通过"印刷术这种媒介被表现的人"之间的区别。

关于自己的著作《作为变革动因的印刷机:早期近代欧洲的传播与文化变革》,爱森斯坦这样说:"现在看来,本书踏足的领地太多,而作者的行迹则匆匆忙忙。""如果以本书各章为基础,从印刷术以来的力量、效应与后果去演绎任何其他结论,那也是不成熟的。我做了诸多推测,但相关资料提供的知识并不均衡,不少资料是不可靠的一般记述,所有的资料来自很有限的几个地区。"② 这足以让人们对她的一些主张和学术的严谨程度

---

① Mark Brewin, "Why Elizabeth Eisenstein might have been a Technological Determinist: And Why, in the End, It does not Really Matter," *Explorations in Media Ecology*, Vol. 16, No. 4, 2017, pp. 294-296.

② 〔美〕伊丽莎白·爱森斯坦:《作为变革动因的印刷机:早期近代欧洲的传播与文化变革》,何道宽译,北京:北京大学出版社2010年版,第439、440页。

保持警惕。然而，关于媒介技术对人类社会的影响，她的思考方法仍然可以提供一个丰富而具有启发性的研究起点。爱森斯坦提出的重要问题是：在某一个历史时刻，某种媒介技术可以被理解为一种物质的人工制品，这种人工制品可以推动或促成历史现象的发生。那么，随着时间的推移，它产生了什么影响？在不同群体争夺政治、经济和象征权力的斗争中，它又产生了什么影响？

　　爱森斯坦的研究成果与当下的媒介环境息息相关。在21世纪的新媒介环境中，她的研究成果告诉人们，在研究历史、人类文化的过程中，不要总是书写权威人物，不要忽略作为"代理人"的边缘人群，也不要忽略诸如"互联网"等媒介技术这样的"代理人"。请再逐词阅读，并仔细体会爱森斯坦这部经典巨著的名字——*The Printing Press as an Agent of Change*: *Communications and Cultural Transformations in Early-Modern Europe*！

人与媒介的共生
（大连工业大学 单鹏）

　　爱森斯坦的研究是西方传播学研究的宠儿，关于她的学术成果与技术决定论的联系的讨论持续、热烈。这种讨论说明她的研究成果的学术价值并不过时，在互联网环境中仍然发挥着重要的影响。

第四章　媒介环境学第二代主要代表人物及思想

第一节　尼尔·波斯曼：媒介技术统治下的反思

尼尔·波斯曼（1931—2003）出生于美国纽约市布鲁克林区的一个犹太人家庭，1953年毕业于纽约州立大学弗雷多尼亚分校，1955年与1958年，分别在哥伦比亚大学取得硕士和博士学位。1959年开始在纽约大学教育学院任教。① 波斯曼存世的著作主要有《诚心诚意的反对》《如何看电视》《作为保存活动的教学》等。他的著作《童年的消逝》《娱乐至死》和《技术垄断》是著名的"媒介批评三部曲"。② 他对后现代工业社会的深刻预见和尖锐批评，一直被后人高度评价。

波斯曼对媒介环境学的重要意义主要体现在三个方面：

首先，在媒介环境学的理论发展历程中，波斯曼是一位承上启下的人

---

① 参见吴晓恩：《逃离电子文化的陷阱——尼尔·波兹曼媒介学思想研究》，北京：北京大学出版社2015年版，第23页。
② 〔美〕Neil Postman：《技术垄断——文明向技术投降》，蔡金栋、梁薇译，北京：机械工业出版社2013年版，封面。

物。他的思想受到麦克卢汉的影响,他承认自己是麦克卢汉的"儿子";①同时,他又是尼斯特洛姆、莱文森、梅罗维茨、林文刚、斯特雷特的老师。其次,波斯曼对媒介环境学的制度建设做出了开拓性的贡献(详见本书第一章)。最后,也是最重要的,波斯曼思想的传播力、影响力,极大地提升了媒介环境学在全世界的地位和受关注程度。

一、对成人迷信技术的反思

波斯曼认为,媒介技术对人类社会具有"破坏"性影响。对此,他持批判态度。他的批判具有针对性,而且通俗易懂,所以产生了较大的影响。在《娱乐至死》中,波斯曼以"印刷机统治下的美国""印刷机统治下的思想"为章节标题,来表达他对印刷机统治地位的认识。波斯曼认为,随着印刷术影响的减弱,政治、宗教、教育等领域的传播内容都发生了改变,都倾向于制作适合电视传播的内容。媒介的形式偏好某些特殊的内容,能够影响并最终控制文化。②

(一)新技术形成新垄断

关于技术的垄断,波斯曼以柏拉图《斐德罗篇》中塔姆斯的故事作为引子。面对特乌斯的众多发明,塔姆斯认为,人们往往看不到发明的反作用,而其实这种反作用确实存在。例如,人们学会识文写字后,记忆力便不能得到经常锻炼,因而变得健忘。这个世界上有太多的技术爱好者,在他们眼里,技术是完美无瑕的,他们看不见技术对人们的负面影响。波斯

---

① 参见吴晓恩:《逃离电子文化的陷阱——尼尔·波兹曼媒介学思想研究》,北京:北京大学出版社2015年版,第23页。

② 参见〔美〕尼尔·波兹曼:《娱乐至死》,章艳译,北京:中信出版社2015年版,第10页。

曼认为，塔姆斯担心的"反作用"问题正是英尼斯提出的问题：掌握某种技术的人，权势不断积累，必然形成某种同盟关系，新技术会"破除"传统知识的垄断，形成新垄断。①

波斯曼以电视为例阐释这个问题（在波斯曼生活的年代，电视是垄断性媒介，所以他研究的主要媒介是电视）。在波斯曼三十多岁的时候，也就是20世纪60年代初，美国国内拥有的电视机总数超过全世界其他国家电视机的数量之和。② 电视在美国的渗透程度很深。许多人认为这是件好事，尤其是因电视传播获得高回报和体面职业的人群，例如相关技术人员、新闻从业人员、演艺人员等。他们从一种新媒介技术中获利，自然就会为这种媒介技术欢呼喝彩，并乐于看到新媒介传播新知识，进而形成垄断。任何一种工具都存在观念上的偏见，都倾向于将世界建构成某种特定形态，看中某种特定的事物，强化某种特定的感官、态度或技能。这正是麦克卢汉的名言"媒介即讯息"的含义。③

波斯曼认为，弗朗西斯·培根是技术统治时代的第一人，因为培根第一个发现了科学与改善人类生存条件之间的关系。培根指出，科学的唯一、正确、合理、有价值的目标在于推动人类获得幸福，新发明应该用于丰富人们的生活。虽然这种观点在今天看来微不足道，但在当时，培根可是高举技术统治大旗的第一人！他的思想后来逐渐被人们接受，人们开始相信"知识就是力量"。上帝设计世界的观点失去了力量，技术成了新的

---

① 参见〔美〕Neil Postman：《技术垄断——文明向技术投降》，蔡金栋、梁薇译，北京：机械工业出版社2013年版，第2—7页。

② 参见〔美〕罗伯特·福特纳：《国际传播："地球都市"的历史、冲突与控制》，刘利群译，北京：华夏出版社2000年版，第179页。

③ 参见〔美〕Neil Postman：《技术垄断——文明向技术投降》，蔡金栋、梁薇译，北京：机械工业出版社2013年版，第7—11页。

上帝。由此，波斯曼宣布：西方世界进入技术统治时代，再无回头路可走。①

技术垄断文明的特点，简单地说，就是将一切形式的文化生活都收至技术的麾下。表面看来，在现实世界中，技术为人们带来富足、舒适、便利，人们享受着汽车、电话、广播、电视，美好的生活显而易见、充满希望，似乎已经没有必要去别的地方寻找成就、创意和目标。然而，事实上，当文明向技术投降，人类必须重新调整已经拥有的一切，让一切服从于技术逻辑。"技术垄断文明重新定义了我们观念中的宗教、艺术、家庭、政治、历史、真理、隐私和智识，以使我们的定义适应这个时代的新要求。换句话说，技术垄断时代即为专制的技术统治文明。"② 在这样的时代，文明建立在对技术崇拜的基础上，文明在技术中寻找权威感、存在感和满足感。可怕的是，很多人仍然不会去思考如何处理和面对技术。

（二）技术垄断时代的魔法

在波斯曼看来，技术垄断时代具有的魔法是：技术被认为是万能的。在人们看来，机器不仅能消除疑问、复杂性，还有工作迅速、流畅的优点。只要技术被发明出来，它就是聪明、优秀的。这种魔法的厉害之处在于，它能用技术唤起人们的好奇心，把人们的注意力转移到错误的地方。当人们被技术带来的诸种新鲜、神奇的现象吸引后，便不再有精力注意技术本身的偏见及其背后的力量，从而对世界产生误读。

波斯曼以医学领域的发明为例阐述他的观点，如听诊器、X光等。技术垄断在医疗领域导致的结果是：只有一种疗法——技术疗法。医生的治

---

① 参见〔美〕Neil Postman：《技术垄断——文明向技术投降》，蔡金栋、梁薇译，北京：机械工业出版社2013年版，第31—34页。

② 同上书，第44页。

疗能力由他运用的机械技术的数量和种类决定。推而广之,人类处理事情的方法也只剩下一种——技术疗法。

对技术魔法的着迷导致了人与自然的对立,因为技术垄断观念中隐含的一种思想是:人和自然是二元对立的,自然是无法和解的敌人,必须通过技术手段征服它。技术不顾自然本身的规律,只顾以自身的力量生硬地驯服环境,于是,人类生存的外部环境被破坏并持续恶化。另外,人类身体和心理上的疾病不能被正确治疗,因为医生热衷于研究、对待的不是病人本身,不是病人向医生描述的病情,而是通过各种医疗技术手段生成的化验单和检测报告。

在医疗领域,不应用先进的技术几乎是不可能的。图像识别、深度学习、神经网络等关键技术的突破带来了人工智能技术新一轮的发展,大大推动了医疗健康产业与人工智能的深度结合。从全球产业实践的情况来看,智能医疗的具体应用包括医学研究、医学影像与诊断、生活方式管理、急救室与医院管理、药物挖掘、虚拟助理等。[①]事实是,并非只是医生在利用技术,同时,医生也在被技术利用。技术不是中立的,它对社会、对人类具有控制力量。技术会通过自己的偏向性发布命令,建立起使命令能被执行的社会体系,并取得支配地位,不断定义社会运行和人类生活的法则。现阶段,技术垄断的结果是人类全面拥抱了计算机。

计算机作为媒介技术,探至人类生活的各个领域、各个角落。在医疗领域,X光、听诊器等有技术含量的仪器,只被专业人士使用,但是几乎所有人都在使用计算机。计算机被人们占有和利用,同时,计算机也在占有和利用人们。美国佐治亚理工学院教授杰伊·戴维·博尔特(Jay

---

[①] 参见顾基发、赵明辉、张玲玲:《换个角度看人工智能:机遇和挑战》,《中国软科学》2020年第2期,第4、5页。

David Bolter）写有一本书：《图灵的人》（*Turing's Man*）。这个书名所体现的含义是：计算机将人类重新定义为"信息处理器"。技术和人类，谁在占有谁？谁在支配谁？谁在定义谁？在现代社会，人们都是"计算机的人""电脑的人""手机的人"。一言以蔽之，人们都是迷信技术魔法的人。①

二、对童年面临的灾难的反思

成年人崇拜使他们丧失了思考能力的技术，并爱上了技术带来的压迫，那么儿童呢？

太多人熟悉这个问题的答案了，它就是波斯曼的一部经典著作的书名："童年的消逝"。

波斯曼说，他写作《童年的消逝》一书，并不是为了断言童年正在消逝，而是要提供解释这种现象为何发生的理论。②确实，这也是媒介环境学研究的目的——解释媒介技术如何影响人类。

中世纪的儿童没有社会地位，甚至连"童年"这样的概念都不存在。中世纪的人仅把儿童当作缩小的成人来看待，并不承认儿童有迥异于成人的独特性。儿童和成年人一起劳动、生活，并未被区别对待。③波斯曼指出，"儿童"这个词指一类特殊的人，年龄在7—17岁，需要特殊形式的

---

① 参见〔美〕Neil Postman：《技术垄断——文明向技术投降》，蔡金栋、梁薇译，北京：机械工业出版社2013年版，第101页。

② 参见〔美〕尼尔·波兹曼：《童年的消逝》，吴燕莛译，桂林：广西师范大学出版社2004年版，引言，第3页。

③ 参见任爱红：《维多利亚时期英国儿童幻想文学研究》，山东师范大学博士学位论文，2015年，第25页。

抚育和保护，在本质上与成年人不同。"童年"这个概念和单一民族独立国家、宗教自由一起，产生于16世纪并延续至今。他认为，从电报密码开始的电子媒介技术，尤其是在他生活的时代占主导地位的电子媒介（主要是电视），导致了童年和成年的分界线日益模糊，以及童年的逐渐消逝。①

关于"童年的消逝"这样的问题，波斯曼没有提出系统的理论建构，但他做了另一件有意义的事情：理解"灾难"是如何发生的。需要注意的是，波斯曼用的词是"灾难"。

波斯曼笔下的"灾难"是以一系列事实开篇的——十二三岁的少女模特以性感的形象出现在电视广告中，并获得丰厚的收入；在美国大大小小的城市里，儿童犯罪和成人犯罪之间的区别在减少，在许多州，对两者的惩罚也日趋相同；儿童服装业经历了巨大的变化，童装正在消失；儿童游戏开始带有竞技的色彩……②

关于电视对儿童的影响，日本学者在20世纪80年代的研究表明，孩子的现状让人非常忧虑，他们正面临"丧失游戏"的生存状况。电视的普及对儿童的生活造成了巨大的冲击。同时，以游戏机为代表的各种电子游戏及信息教育等方式，也正渗入儿童的生活。③ 总之，成人和儿童在行为举止、语言习惯、需求欲望、处世态度，甚至外表上都越来越难以分辨了。

---

① 参见〔美〕尼尔·波兹曼：《童年的消逝》，吴燕莛译，桂林：广西师范大学出版社2004年版，引言，第1—3页。

② 同上书，引言，第3—5页。

③ 参见〔日〕尾关周二：《共生的理想：现代交往与共生》，北京：中央编译出版社1996年版，第15—19页。

"文化是用符号体现的。"① 传播技术的变化无一例外地导致的结果包括改变人的兴趣结构（人们所考虑的事情）和符号的类型（人们用以思维的工具）。② 传播史上，"第一个组织化、规模化和专业化的传播媒介，就是以印刷技术为核心的一整套运行机制"③。印刷术促进了童年概念的快速发展，童年是印刷文化的需求之一。儿童被认为应该和成人分离，因为他们所处的阶段需要他们去学习读书、写字，而他们也因此成为印刷文化需要的人（例如，商人的孩子学会了写字，就可以更方便地从事商业活动）。

进而，凡需要识字能力的地方就有学校，凡有学校的地方童年的概念发展得就快："（儿童）新近在学校被分隔开来，接受针对不同学习阶段而设计的特别的印刷材料，最后，不同的'同龄群体'出现了……"④ 童年作为主要由中产阶级培育的概念（中产阶级有多余的钱用在孩子身上，在孩子的教育和服装上花钱，进行炫耀性消费），得以形成。"儿童"这个概念在印刷媒介的"烘焙"中形成了。然而，印刷技术对儿童的影响，和对成人的影响有一个共同点：它使人们处于被动、不快乐的状态。

儿童是不快乐的，他们貌似在接受使他们"变好"（长大后可以成功）的教育，实际上，这种教育是在压抑他们充沛的精力。莎士比亚描绘过一

---

① 〔加〕罗伯特·K.洛根：《什么是信息：生物域、符号域、技术域和经济域里的组织繁衍》，何道宽译，北京：中国大百科全书出版社2019年版，第101页。

② 参见〔美〕尼尔·波兹曼：《童年的消逝》，吴燕莛译，桂林：广西师范大学出版社2004年版，第32—33页。

③ 李彬：《全球新闻传播史（公元1500—2000年）》，北京：清华大学出版社2005年版，第60页。

④ 〔美〕尼尔·波兹曼：《童年的消逝》，吴燕莛译，桂林：广西师范大学出版社2004年版，第63页。

个令人难以忘怀的儿童形象。在《皆大欢喜》中,莎翁写道:"一个哼哼唧唧的男生,背着书包/脸色像早晨一样灿烂,行路却慢腾腾像蜗牛一样/不情愿去学堂。"①

对儿童来说,教育意味着假期被剥夺了,因为他们在假期也要忙于接受各种教育,被各种课程表所支配。教育还意味着,儿童写的诗歌缺少童趣,大量的书卷语充斥其中,例如:明丽、耀眼、幽静、茫茫、泥泞、喧闹、张牙舞爪、寒风凛冽、暮色苍茫、姹紫嫣红、威风凛凛、威武雄壮等。这些僵硬的书卷语的堆砌导致本该稚嫩的诗歌丧失了自由和灵动,也丧失了口语的清纯美和鲜活美。② 但是,无论如何不情愿,儿童还是要进入学校,并逐渐拥有自己的游戏、服装和文学。

童年的概念形成之后,又消逝了。这一过程和媒介技术密切相关。那么,童年的概念怎么会消逝呢?令"童年"的概念土崩瓦解的媒介技术是什么?媒介技术传播的内容起作用的原理又是什么?

童年的消逝要从电报说起。"在电报发明之前,所有的信息,包括用书面表达的,只能以人体的速度进行传播。"③ 例如,用汽车、火车运送报纸的时候,人也在汽车、火车上,报纸的运动速度取决于运送报纸的人类的速度。打破这一限制的,是电报。所以,麦克卢汉说:"当人生活在电子环境中,他的本性改变了,他的私人属性融入了社团整体。他变成了一个'大众人'(Mass Man)。大众人是在电子速度下产生的一个现象,不是

---

① 〔美〕尼尔·波兹曼:《童年的消逝》,吴燕莛译,桂林:广西师范大学出版社2004年版,第69页。

② 参见姜佐:《现当代儿童诗缺少童趣问题研究》,东北师范大学硕士学位论文,2013年,第4页。

③ 〔美〕尼尔·波兹曼:《童年的消逝》,吴燕莛译,桂林:广西师范大学出版社2004年版,第101页。

有形的量的现象。"①

电报使信息变得难以控制，而这和童年的发展有着密切的关系。如波兹曼所强调的："童年，如我努力揭示的，是一种环境的结果。"② 童年的消逝也是一种环境的结果，是电子媒介环境的结果。

控制信息的本来是成人。成人通常会以特定的形式，分阶段、有选择地把信息输送给儿童。然而，电子媒介的发展，使儿童可以和成人共享信息。儿童接收到的信息，从内容到数量，都开始变得不受控制。电报是一种预兆和开端。之后，其他媒介技术被接二连三地发明出来，比如照相机、电话、收音机、电视。家庭和学校控制儿童接收信息的能力，越来越被严重地削弱了。当媒介技术发展到 5G 时代，基于万物互联的传播形态出现了。儿童成为"万物互联"的一部分，甚至学龄前儿童也能很快学会使用手机，然后通过 App 就可以接收到海量信息了。③

与电子媒介的发展相伴的是图像世界的革命——广告和漫画兴起。然而，图画和印刷文字相比，是认识上的倒退。语言和图画是两种不同的符号，是两个不同的世界。对图画本身的理解不需要概念，图画也无须遵循任何规则和逻辑。电子媒介带来的新兴的符号世界，"其实并不能支持保证童年概念存在所需要的社会和知识的等级制度"④。所以，电视出现后，信息的等级制度的基础就崩溃了——电视是一种视觉媒介，拥有一定的理

---

① 〔美〕尼尔·波兹曼：《童年的消逝》，吴燕莛译，桂林：广西师范大学出版社 2004 年版，第 101 页。

② 同上书，第 103 页。

③ 参见快手研究院：《被看见的力量：快手是什么》，北京：中信出版社 2020 年版，第 290 页。

④ 〔美〕尼尔·波兹曼：《童年的消逝》，吴燕莛译，桂林：广西师范大学出版社 2004 年版，第 107 页。

解力的儿童就能看懂，而无须具备读写能力。电视是令人对世界一览无余的媒介，不能保守原本印刷媒介可以保守的、属于成年人的秘密。如果秘密没有了，童年的概念当然也就不存在了。

波斯曼反思了当时的主流媒介技术对童年的影响后，提出这样一个问题："有没有一种传播技术具备某种潜能，足以保持童年存在的需要？"① 基于他对文字和画面传播的理解，被他寄予希望的媒介技术是电脑。原因在于，为了给电脑编程，人们要掌握复杂的语言，而为了使用电脑，人们也必须要掌握语言，至少电脑可以让成人和儿童的概念之间保持一种平衡。然而，遗憾的是，从目前来看，这种平衡很难保持。首先，儿童使用电脑，不一定要先学会编程。其次，电脑传播的内容不限于语言，音频和视频内容随处可见。在互联网出现的早期，人们主要使用文字进行传播，而从本质上说，文字是精英人士的表达方式……与之相对，视频则是一种泛众化的传播方式。从 4G 时代开始，视频为大众赋能，每一个人都可以用视频这种最简要、最直观的形式分享信息。② 最后，在保守成人世界的秘密这一点上，电脑并不比电视表现得更好。

波斯曼对成人迷信技术的反思，对童年面临的灾难的反思，离不开对"娱乐至死"的反思。"虽然国际电视节目交换始于 1950 年的英国和法国之间，但是，由于国内电视业的蓬勃发展，美国很快成为电视节目的主要输出国。"③ 从 20 世纪 60 年代开始，"娱乐性电视节目已成为一项重要的

---

① 〔美〕尼尔·波兹曼：《童年的消逝》，吴燕莛译，桂林：广西师范大学出版社 2004 年版，第 209 页。

② 参见快手研究院：《被看见的力量：快手是什么》，北京：中信出版社 2020 年版，第 290 页。

③ 〔美〕罗伯特·福特纳：《国际传播："地球都市"的历史、冲突与控制》，刘利群译，北京：华夏出版社 2000 年版，第 179 页。

国际传播活动。美国商业电视网的节目很快控制了国际商业电视市场"①。

进一步看，波斯曼的上述反思，在根本上都是对媒介技术的反思。媒介技术是一个陷阱，如果人类已经在其中感受到了某种"灾难"，那么在反思之后，就不应该把希望寄托于另一个陷阱。寄希望于教育，会是一个不错的选择吗？

我们没有忘记，波斯曼是一位教育家出身的媒介环境学家。他最重要的身份是教育家。他关于教育的思想，也是和媒介技术相联系的。他认为，电视这类媒介中的图像过多，不利于培养人们的逻辑思维和理性思维，所以，在教育过程中，对文字和图像的使用应保持平衡。例如，在电视占主导地位的媒介环境中，教师要重视让学生使用印刷媒介。② 然而，在具体的实践中，尤其是在注重使用新媒介的教学环境中，如何保持好这种平衡，似乎没有很好的解决方案。因此，如何避免过度使用某种媒介，是一个会长期存在的难题。

第二节　沃尔特·翁：口语文化与新媒介研究

沃尔特·翁（1912—2003）出生于美国密苏里州的堪萨斯城，1933年在罗克赫斯特学院取得学士学位，1941年在圣路易斯大学取得硕士学位，1955年获得哈佛大学博士学位。他生前一直在圣路易斯大学授课，是圣路易斯大学人文跨学科研究领域的著名教授、学者，主要著作有《拉米斯、

---

① 〔美〕罗伯特·福特纳：《国际传播："地球都市"的历史、冲突与控制》，刘利群译，北京：华夏出版社2000年版，第178页。

② 参见林文刚：《媒介环境学和媒体教育：反思全球化传播生态中的媒体素养》，邹欢译，《国际新闻界》2019年第4期，第93—99页。

方法和对话的式微》《语词的在场》《口语文化与书面文化》等。

翁的研究涉及语言、历史、传播、哲学、神学等领域，在古典学①和口语文化研究领域成绩斐然、自成一家。在媒介研究领域，翁提出的"原生口语文化"（Primary Orality）和"次生口语文化"（Second Orality）理论提供了观察和分析新媒介现象的新视角。

一、翁对原生口语文化、次生口语文化的界定

在人类学、古典学、语言学等研究领域，学者们对口语文化和书面文化的差异兴趣浓厚，也取得了引人瞩目的成就，例如著名美国古典学家米尔曼·帕利（也译为"帕里"）（Milman Parry）和阿尔伯特·洛德（Albert Lord）、瑞士结构主义语言学家费尔迪南·德·索绪尔（Ferdinand de Saussure）等的研究成果。

其中，帕利和他的学生洛德被称为史诗研究的双璧，他们的理论被称为"帕利-洛德理论"②。翁呼应了帕利-洛德理论，认为吟唱诗人不可能

---

① 西学的根基在西方古典学。从学科意义上说，古典学大致包括古典语文学研究和古典历史学研究两个方面。参见李咏吟：《国学与西学：中西古典学的人文价值反思》，《厦门大学学报（哲学社会科学版）》2006年第5期，第14页。

② 帕利-洛德理论，又称口头程式理论，是针对民间口传文学作品创造的方法论，包括程式、主题或典型场景、故事类型三个概念。帕利和洛德在田野调查中发现，歌手每次演唱都是重新创作的过程。古希腊和南斯拉夫的诗歌语言都以相同的方式被特殊化了。它们都由大词构成，这种大词易于变通使用，属于修辞单元和叙事单元，用以帮助歌手在口头表演中进行创编。歌手只要熟练掌握这些大词程式，就可以轻松表演上千行的诗歌。这就是帕利-洛德理论的内容。凭借三个概念和相关的分析类型，帕利-洛德理论很好地阐释了那些杰出的口头诗人何以能够表演成千上万的诗行、何以具有出色的现场创作能力的问题。参见臧学运：《帕里-洛德口头程式理论——史诗〈格萨尔〉的程式化特征解读》，《齐鲁师范学院学报》2013年第1期；周爱明：《史诗研究的第三只眼——〈口头诗学：帕里-洛德理论〉的评介》，《西藏大学学报（汉文版）》2003年第2期。

记住复杂、抽象的东西,只能依据套语①等来编制巨型史诗,可见口语文化②的复杂性、抽象性较弱。在此基础上,翁区别和界定了"原生口语文化"及"次生口语文化"。

按照翁的界定,原生口语文化是文字未产生、未被使用时的社会文化,或者说,是尚未触及文字的文化,是没有被文字或印刷术浸染的文化。与之相对,电话、广播、电视等催生的文化是次生口语文化,它是由电子媒介诱发的电子时代的文化。③

关于两者,翁的主要观点是:在传播过程中,次生口语文化和原生口语文化有共同之处。例如,在传播效果方面,次生口语文化同样能制造强烈的群体感。同时,次生口语文化或多或少地拥有原生口语文化的属性。人类在自己的意识中并没有完全抛弃原生口语文化,次生口语文化也恢复了原生口语文化的一些特征。只是,在电子媒介时代,口头交谈扮演了相对次要的角色,不再占有首要的位置。在某种程度上,次生口语文化恢复和传播的是原生口语文化的感觉和属于原生口语文化的心态。④

翁之所以界定和区分这二者,是为了比较不同媒介产生的文化,并对

---

① 帕利将"套语"界定为"相同韵律条件下表达一个既定基本概念的一组词语,其使用规律是有章可循的"。这个界定存有争议。戴维·拜纳姆(David E. Bynum)认为这个界定过于简单,应将"套语式成分"和一成不变的"严格的套语式词汇"区分开。翁在使用的时候,除非特别说明,否则将"套语""套语式成分""严格的套语式词汇"熔为一炉,泛指诗歌、散文中或多或少严格重复的固定词组,如谚语、箴言等。

② 按照翁的划分,口语文化包括原生口语文化、次生口语文化。次生口语文化中又有遗存性口语和文字性口语。本书所说的"口语文化"如果没有特别言明,指的是文字产生之前的社会文化,是由口语滋生的文化,即"原生口语文化"。

③ 参见〔美〕沃尔特·翁:《口语文化与书面文化》,何道宽译,北京:北京大学出版社2008年版,译者前言,第6、7页。

④ 同上书,第7、8页。

不同社会阶段进行研究。他并未否定原生口语文化在电子文化中的存在。文字为我们开启了美妙的世界,尽管如此,口语词依然存在,且生龙活虎。一切文本世界都和语音世界有着千丝万缕的联系。文字不可能离开口语文化而存在。"一切言语都植根于口语之中。""口语和意识也不能分离。"①

原生口语文化在人们的意识中有留存。在这种留存的基础上,以电子媒介为载体,对原生口语文化进行模仿、恢复的会话,是一种虚拟仿真会话。

在原生口语文化中,思维和表达的特征是移情的、参与式的。这种参与是集体性质的参与。人们常常全身心地参与集体文化的交流活动。传播过程也逐渐形成了固有的形式,如浅吟低唱、高歌唱和、鼓掌欢呼。电子媒介传播人类语言的过程,也是推动群体形成的过程。在原生口语文化时代,广场再大,人群的数量和规模再大也无法与电子媒介的传播范围和对象相比。麦克卢汉笔下的"地球村",描述的就是这种现象。

二、原生口语文化和次生口语文化对新媒介研究的意义

"原生口语文化"和"次生口语文化"这两个概念,提醒人们要重视将口语和媒介技术相连的研究。自文字诞生后,书写一度成为有地位、有文化的阶级所拥有的特权。在某种意义上,只使用口语的人,通常会被贬低和轻视。翁的这两个概念给学术界注入了力量。这两个概念结合电子媒介的诞生和兴衰,提醒人们重视口语,因为原生口语文化就在人类的意识

---

① 参见〔美〕沃尔特·翁:《口语文化与书面文化》,何道宽译,北京:北京大学出版社2008年版,译者前言,第4、5页。

之中，而有能力恢复和承载原生口语文化的新媒介，能显现出生存的优势。在这方面，微信就是一个很好的例子。

微信与媒介间性
（河南大学李勇）

微信自诞生以来发展迅猛。早在2014年，微信发展状况年度报告已表明，相较于发展渐趋平缓的微博等社交媒体，微信的发展形势可谓一片大好，活跃用户数量不断增加，已然坐稳移动社交软件的头把交椅。[①] 据腾讯公布的2017年第一季度业绩报告，微信全球月活跃用户总数达到了9.38亿，超越了QQ的8.61亿；[②] 据腾讯公布的《2017微信数据报告》，微信2017年9月平均日登录用户达9.02亿，同比增长17%；[③] 据腾讯公布的《2019微信数据报告》，2019年微信月活跃账号数为11.51亿，较去年同期增长6%。[④]

微信的用户数量为何如此多？翁提出的"原生口语文化"和"次生口语文化"理论为观察这种媒介现象提供了一个视角。

在电子时代，几乎每一种媒介传播的文化都离不开文字，都受到文字的影响，但人类也可以借助媒介，以虚拟的方式恢复原生口语文化中的感觉和心态。人类的生活离不开口语对话，媒介是帮助人们使用和享受原生口语文化的技术。以电子媒介为载体，人类可以和范围更广、距离更远的

---

① 上海交通大学舆情研究实验室编：《2014年微信发展状况年度报告》，《新媒体与社会》2015年第1期，第99页。

② 《全世界有多少人在用微信？腾讯公布2017年第一季度业绩报告，微信和WeChat月活跃用户达到了9.38亿》，http://www.sohu.com/a/141357232_456329，2017年5月17日，访问日期：2019年3月15日。

③ 《微信最新数据：日登录用户超9亿，日发送消息380亿次》，http://tech.sina.com.cn/i/2017-11-09/doc-ifynstfh2487350.shtml，2017年11月9日，访问日期：2019年3月15日。

④ 《微信发布〈2019微信数据报告〉：月活跃账户数11.5亿》，https://www.chinaz.com/2020/0109/1091393.shtml，2020年1月9日，访问日期：2020年5月16日。

人共享原生口语文化中的心态和感觉。口语的套语式思维和表达深深地根植于意识和无意识。套语式风格存在于诗歌中。同时，在一切原生口语文化中，这种风格或多或少也是思想和表达的标记。作为一种新媒介，微信正好契合了人类把地球重建成村庄的需求。

纵览媒介史可见，人类之前发明的媒介都朝向重建村庄、模拟原生口语文化这个方向努力，都在为这个目的打基础。微信则是这一过程结出的一枚硕果。次生口语文化或多或少地拥有原生口语文化的特征，微信是在现存的媒介中较多地承载和包含了原生口语文化特性的技术，是在较大程度上以虚拟的方式恢复了原生口语文化特性的媒介，这主要表现在以下两个方面：

第一，微信传播的内容可以是聚合的、固定的、罗列的和重复的。

其实，微信传播的内容的这几个特征是紧密相连、不可分离的。聚合是对固定词语的套语式使用习惯，而套语是在没有文字协助记忆的情况下，让思维保持简单、把记忆丢失的风险降低的表达方式。

包括原生口语文化在内，一切思想多少都是可以被分析的。思维把所要表达的内容分割成各种要素，以一定的方式加以组织。口语注重的是语言的实用性，也就是方便人说话。所以，口语大量使用了套语，把信息、词语聚合、固定在一起，以方便人们理解和交流。在没有文字技术帮助记忆时，套语有助于表达和记忆。例如，在藏族英雄史诗《格萨尔》中，用诗句形容女子的美貌时，会说女子美得犹如草原上的鲜花。虽然这是很普通的表达方式，但也是最质朴、最纯真的表达方式，因为无论是十三王妃，还是普通女子，她们的美都离不开草原这个大环境。[①]

[①] 参见王军涛：《生态美与人物美的交融：论〈格萨尔史诗〉与〈荷马史诗〉的人物塑造》，《西藏艺术研究》2019年第2期，第54页。

口语社会的人组织信息条目的方式往往是将它们相加，只罗列而不解释，酷似儿童讲故事时的叙述方式——"然后……然后……然后……"口语表达中没有文字表述中的主从结构、主次等级，不像书面语那样依赖语言的等级结构。同时，口语相对于文字，更简单、易懂且方便交流。同时，为了防止交流者有可能对信息的理解产生偏差以及为了避免信息丢失，口语社会的人会重复已经说过的话，以保持思路的连贯。①

除了使用文字，微信用户也可以使用言语交流，在言语交流中会存在使用套语、罗列信息、重复内容等情况。抽象的概念、复杂的词语在日常的言语交流中不多见，词汇的意义也相对比较稳定。这些都符合原生口语文化的特征，即群体交流处于言语无障碍的衡稳状态。在文字使用者看来，原生口语文化思维是笨重的、缺少逻辑的，是一种"野性的思维"。微信中的语音聊天和留言功能本身便是媒介技术对口语的虚拟，因而生动地体现出上述原生口语文化的特点。

第二，微信传播的内容往往带有赞扬、叫阵、对抗等口语社会生活的色彩。

在原生口语文化中，人们需要以面对面的方式做出有关村庄和部落的事务的决策，由意见分歧导致的口舌之争和智慧之战是口语社会中日常生活里常见的场景，具体表现形式包括戏弄、谩骂、取笑、叫阵、嘲讽等。我们不难发现，微信传播的内容也有类似的特点，如人们在交流中经常使用的"不服""不服来战""斗图"等表达方式。

与叫阵等交谈方式相对的表现是慷慨的赞扬，而赞扬也是一种竞赛和对抗。慷慨的赞扬在口语文化丰富的文化中处处可见。这些赞誉之辞给书

---

① 参见〔美〕沃尔特·翁：《口语文化与书面文化》，何道宽译，北京：北京大学出版社2008年版，第27—30页。

面文化高度发达的人留下的印象虽然是不真诚、浮夸和狂妄,却在口语世界里大行其道。① 而微信传播的内容也有类似的特点,比如,大方地给他人点个赞。

遗憾的是,由于生活年代的限制,翁谈的主要是以广播、电视、电影为代表的传统电子媒介。他以现代电视上的总统竞选节目为例,认为听众不在场、不露面、不出声,竞选的人做个简短的陈述就可以了,对抗的锋芒因此被磨掉了。所以,他得出了"电子媒介不容忍公开对抗的表演"这个结论。他认为,这些媒介完全受制于一个严密的封闭空间。② 然而,在今天,互联网和手机等新媒体的发展赋予公众的话语权,已经打破了电子媒介对"对抗表演"的封闭,在互联网和手机上,每一天、每个小时、每一刻都在上演"对抗的表演"。

总而言之,在翁的原生口语文化、次生口语文化概念的基础上,古与今、《荷马史诗》与"微信"正在互相启发。微信较大程度地延伸了口语这种媒介,让受众可以更好地使用口语。微信还虚拟了原生口语文化,从而在口语交流方面占有优势,但这不一定是它具备竞争优势的主要原因。只能说,口语是一切语言交流的基础。人们需要警醒的是一种顽固的偏见,这种偏见把文字看作语言的本性。其实,文字是对口语的补充。对新媒介而言,善用口语者、善于虚拟原生口语文化者,通常会在市场中占据优势地位。

翁的原生口语文化、次生口语文化的概念,正和媒介市场中媒介的兴衰成败一起,提醒人们去注意口语的重要性。

---

① 参见〔美〕沃尔特·翁:《口语文化与书面文化》,何道宽译,北京:北京大学出版社2008年版,第34页。

② 同上书,第135页。

第三节　克里斯琴·尼斯特洛姆：媒介环境学科思想和制度的建设者

尼斯特洛姆（1941—2010）生于美国纽约弗农山，1962 年在纽约大学①获得学士学位，1966 年于哥伦比亚大学师范学院获得硕士学位，1973 年于纽约大学教育学院获得博士学位。② 之后，她开始在纽约大学工作，直到 2001 年退休。

在国内传播学界，尼斯特洛姆不如英尼斯、麦克卢汉等媒介环境学学者那么著名，国内学界对她也不十分熟悉。其实，说她是北美媒介环境学界历史上的明星人物，并不算过誉。自媒介环境学学科诞生以来，在其制度和理论建设的历史上，有两个里程碑事件：一是 1970 年纽约大学媒介环境学学科点的成功创建，二是 1998 年媒介环境学会的成立。虽然尼斯特洛姆没有直接参与媒介环境学会的创会过程③，但她是第一个事件的领导者、组织者以及制度和理论的建设者。作为媒介环境学者中为数不多的有成就的女性学者，作为媒介环境学初创时期的制度规范人，尼斯特洛姆与波斯曼一起创建了媒介环境学本科学科和文化与传播系，以媒介环境学学科的设计师闻名。因此可以说，尼斯特洛姆是媒介环境学学科的"台柱子"。

除了制度方面对媒介环境学的贡献，尼斯特洛姆还是媒介环境学的理

---

① 尼斯特洛姆 1962 年在纽约大学华盛顿广场学院（Washington Square College, New York University）获得学士学位，这个学院后来经历了类似于大学的部门重新整合或者改名的过程，所以现在不存在叫这个名字的学院。
② 根据 2017 年 6 月 15、16 日对媒介环境学会第一任会长兰斯·斯特雷特教授的电邮访谈。
③ 根据 2018 年 1 月 20 日对美国新泽西州威廉·帕特森大学林文刚教授的微信访谈。

论构建者,以学术成就享誉媒介环境学史。尼斯特洛姆的博士论文〔写于 20 世纪 70 年代的《媒介环境学初探:为人类传播系统研究而制定整合一体的概念范式》("Towards a Science of Media Ecology: The Formulation of Integrated Conceptual Paradigms for the Study of Human Communication Systems")①〕被誉为媒介环境学建设进程中的第一篇重要论文。② 作为媒介环境学博士点的骨干教师,尼斯特洛姆向学生分发了数以十计的教案,诠释媒介环境学的哲学基础和原理。③

一、20 世纪物理学的两大思想实验及结论

尼斯特洛姆认为,牛顿范式曾在人类的科学研究中君临天下。牛顿范式认为世界是独立存在的,时空框架是固定不变的,因此世界最终可以被准确地认识,而工具不会影响客观世界的运转。20 世纪物理学领域的两个伟大的思想实验,挑战了牛顿范式,扭转了人类对世界的认识,不仅使科学发生了革命性巨变,而且使知识与现实的关系发生了一场革命。第一个思想实验关于爱因斯坦提出的问题:"如果你骑在一束光线上,你将看见什么?"实验的结论是:时空不是固定不变的,观察者的条件,如位置和运动速度,会影响观察的结果,时空随着物体或者观察者的速度而变化。④

---

① 尼斯特洛姆的博士论文目前有复印版存于纽约大学。
② Lance Strate, "Korzybski, Luhmann, and McLuhan," *Proceedings of the Media Ecology Association*, Vol. 11, 2010, p. 33.
③ 参见〔美〕林文刚编:《媒介环境学:思想沿革与多维视野》,何道宽译,北京:北京大学出版社 2007 年版,第 21 页。
④ 参见〔美〕林文刚编:《媒介环境学:思想沿革与多维视野》,何道宽译,北京:北京大学出版社 2007 年版,第 212—214 页。

这个结论是爱因斯坦于 20 世纪初提出的相对论的内容。相对论是 20 世纪一个石破天惊、冲击一切学科研究领域的理论。爱因斯坦提出，时空并不是牛顿范式认为的那样，即时空不是固定不变的。简单的例子就是时间可以变慢或变快，更准确的说法是时钟的快慢随着外在条件的变化而变化。

第二个思想实验是德国物理学家沃纳·海森伯（也译为"海森堡"）(Werne Heisenberg, 1901—1976) 为了研究原子中的电子所做的实验。

如果按照牛顿说的，认识世界是完全可能的，那么在理论上，人类可以一步步地完成这项工作，从对最小的物质的了解，到稍微大一些的物质，再发展到观察太阳系、星系的相互作用。成功完成这项工作的前提条件是：物理学定律必须能够说明自然界最简单的构造单位的情况。于是，海森伯研究了自然界最简单的单位，即只有一个电子的氢原子。

海森伯发现，人类根本无法准确地测量电子。原因在于，要确定电子的准确位置和速度，就要把光打在原子上，因为人类只能看见反射回来的光线。而爱因斯坦已经证明，光是由粒子组成的，粒子影响它们反射的光的位置和速度，如果看得见电子，电子的位置和速度就会改变。在位置和速度这两个变量中，一个变量以接近准确的结果被测量出来后，另一个变量就无法精确测量了。总之，电子无法被成功捕捉，无法同时精确测量电子的位置和速度。这说明，我们永远不可能充分而准确地了解现实，绝对不可能得到牛顿范式许诺的那种现实。[1] 人类能够了解的唯一现实是复杂的观察条件作用下的相对现实。

---

[1] 参见〔美〕林文刚编：《媒介环境学：思想沿革与多维视野》，何道宽译，北京：北京大学出版社 2007 年版，第 213—214 页。

在对电子的研究的基础上,从 20 世纪 20 年代开始,海森伯与当时最优秀的理论学者一起发展出量子力学,上文所述海森伯对电子的研究结论就属于量子力学范畴。1927 年,海森伯发表了著名的测不准原理,这是量子力学中一个非常重要的基本原理。"按此原理,对于描写原子体系行为的特定成对的物理量而言,我们不可能同时精确地确定它们二者的值。"① 测不准原理是自然界的一个基本原理,它显示了我们离开经典物理的程度,它的发现使物理界为之振奋。② 简言之,量子力学和经典力学的差别之一在于对物体确定性的认识。

二、物理学思想与媒介环境学

上述物理学领域的两个伟大思想实验及其结论,对媒介环境学研究的意义是什么呢?

首先,尼斯特洛姆认为,媒介环境学依赖的核心思想由上述物理学思想转化而来。

上述两大思想实验的结论可以用一个词来概括——"相对论"。相对论认为,人们接触的现实并非外在于人的存在,而是人们直接感知到的,或者通过传播工具感觉到的外在的现实版本。具体到媒介环境学,既然观察者使用的探索工具不同,对世界的认识结果不同,那么,人类要研究这个随着观察者和探索工具的变化而变化的世界,就需要研究探索工具本身。媒介技术就是探索工具之一,不同的媒介技术导致人们对世界形成不

---

① 张宁:《角量和角动量的海森伯测不准关系研究》,《石河子大学学报(自然科学版)》1997 年第 9 期,第 241 页。

② 参见闫安英、赵忠琴:《海森伯矩阵力学和测不准关系的产生及其哲学贡献》,《四川师范大学学报(自然科学版)》2000 年第 9 期,第 563 页。

同的认识。例如，对于运动着的时钟 A 和静止中的时钟 B 而言，时钟 C 的时间快慢是不同的。正如麦克卢汉说的"如果电视早点儿出现的话，就不会有希特勒"，即不同的媒介可能导致不同的传播结果。①

媒介技术好比物理学研究中观察者探索世界的工具，例如光线。媒介环境学要研究人类使用的认识工具，如媒介形式本身，研究如同光线般发挥作用的媒介，如何影响人们（如海森伯实验中的观察者）对世界（如海森伯实验中的电子）的认识。也就是说，物理学家用光作为工具探索、研究世界，所以他们要研究光。人们生活在被媒介包围的环境中，用媒介技术表现世界、探索世界，所以媒介环境学学者要研究媒介技术。

媒介环境学研究人类如何构建和重建知识，如何构建和重建人类栖息于其间的现实，研究人类需要的媒介（如电视、手机、光线、声音和电能），以及人类使用这些媒介的条件。在这一点上，媒介环境学要深深感谢爱因斯坦、海森伯等 20 世纪的物理学家，感谢他们具有指导意义的研究和结论，感谢他们使相对论成为现代的界定性概念。②

其次，根据上述物理学思想，在媒介环境学研究中，应特别重视语言在组织、传递思想中的偏向作用。

在人类感知世界的过程中，语言甚至起到比人类感官和作为感官延伸工具的媒介更重要的作用。在爱因斯坦和海森伯的描绘中，认识工具首先是感官和延伸感官的技术。也就是说，人们通过媒介接收到感知数据，然后形成知识。然而，感知数据仅是知识的一小部分，这些数据还需要通过符号语言被组织和表征，所以，语言影响人类认识和建构现实的方式。爱

---

① 参见〔美〕林文刚编：《媒介环境学：思想沿革与多维视野》，何道宽译，北京：北京大学出版社 2007 年版，第 214 页。

② 同上。

因斯坦亦认可语言在塑造现实中的关键作用，并认为空间和时间是时空一体这个单一现象的两种功能，而语言偏偏把时空分割为两种不同的东西。①

对于人类而言，语言就像一张网，起到过滤现实的作用，而且，不同的人对同样的语言可能有不同的理解，因为他们的文化背景可能不同。在将相对论确立为媒介环境学依赖的核心思想的过程中，本杰明·李·沃尔夫（Benjamin Lee Whorf）做出了贡献。

沃尔夫认可语言的偏向作用，并把这个思想放在相对论的核心位置和媒介环境学的核心位置。他在研究中充分考虑了语言因素的作用。不同的语言形成不同的文化，语言及其他表征经验的符号系统会影响人们对现实的建构。关于语言与现实的关系，沃尔夫在文章《科学和语言学》（"Science and Linguistics"）一文中认为，没有人能够对自然进行绝对的、没有偏颇的描述，人人都受到一些阐释方式的限制，即使他认为能够自由地表达自己想说的东西……我们在这里看到一个崭新的相对论原理。它认为，并非每个观察者都能在同样的物质证据的指引下走向相同的宇宙图像，除非他们的语言背景相似，或者能够被调校到类似的模式上。②

尼斯特洛姆认为，媒介环境学的思想建立在这样一种认识基础上：现实社会的建构具有相对性。媒介环境学学者重视研究媒介形式本身，不是因为他们崇拜技术、秉持媒介中心主义的立场，而是因为从物理学的角度看，媒介技术作为观察世界的工具，在客观上可能影响观察世界的结果，也可能改变世界，而要研究这个世界，就不可能回避探索世界的工具及工具影响下的环境。

---

① 参见〔美〕林文刚编：《媒介环境学：思想沿革与多维视野》，何道宽译，北京：北京大学出版社2007年版，第214、215页。

② 同上书，第216、217页。

在人类科学研究的茂林中，各学科的研究就像一棵棵茁壮成长的大树，深埋在土壤下的树根彼此紧密相连。这些互相联结的根就是人类的现实生活，因为人类从事科学研究的总体目的就是观照现实环境，以便更好地生存、发展。尼斯特洛姆发现了人类科学之根，并将在其上生长的物理学之树和媒介环境学之树的枝叶勾连在一起。她将媒介环境学置于物理学思想的观照下，并因此形成了非常有价值的思想。

第五章 媒介环境学第三代主要代表人物及思想

第一节 保罗·莱文森：数字时代的麦克卢汉

媒介环境学的领军人物保罗·莱文森（1947— ）生于纽约，于1975年、1976年和1979年分别在纽约大学获得学士、硕士和博士学位。现为美国福特汉姆大学教授。

莱文森还是科幻小说家、社会批评家、音乐人等，文艺成就和学术成就卓著。他将精英文化与大众文化结合，被誉为"后麦克卢汉第一人""数字时代的麦克卢汉"等。他和麦克卢汉都是著名的媒介理论家，都重视对媒介技术本身的研究，学术都富有原创性，但他们又有明显的不同之处。他们的学术形象截然不同：麦克卢汉离经叛道、狂放不羁，是富有争议的媒介理论家；莱文森多才多艺、著作等身，是理想而完美的知识分子。二者的才华都被大众广泛认可，他们对媒介未来的理论预言亦被广泛认可，如麦克卢汉对"地球村""数字时代的微博书写方式"①等的预言，莱文森在20世纪70年代对iPhone、Android和Gphone的预测②、对数字时

---

① 参见〔美〕保罗·莱文森：《新新媒介》，何道宽译，上海：复旦大学出版社2011年版，译者前言，第7、8页。
② 参见付晓光、田维钢：《媒介融合的前世、今生和未来：美国著名媒介理论家保罗·莱文森访谈》，《声屏世界》2012年第1期，第26页。

代书页命运的预测、对媒介未来的论证等。本节着重探讨莱文森媒介进化论的跨学科理论来源,其他章节结合具体主题讨论了他的思想,如他为未来媒介的研究提供了宝贵的理论资源(第八章),为媒介技术决定论的生态视角做出了理论贡献(第六章)等。

莱文森的媒介探索之旅(保罗·莱文森音频,中英文文字稿见附录1)

作为北美媒介环境学的领军人物,莱文森基于对媒介历史和未来的研究,形成了自己的媒介进化思想。他以"小生境原理""人性化趋势原理""补救性媒介"等理论为基础,乐观地评点数字时代的媒介现状和未来,指出未来的媒介技术将在人类理性决定的指引下向适应人性需要的方向发展。

媒介进化论作为媒介研究领域有影响力的理论成果,是莱文森的跨学科研究萃取的思想精华。在这一理论形成的过程中,除了麦克卢汉之外,几位非媒介研究领域的思想者对他产生了重要的影响。媒介进化论借用并补充了查尔斯·罗伯特·达尔文(Charles Robert Darwin)的思想,糅合并升华了唐纳德·坎贝尔(Donald T. Campbell)的思想,延伸并修正了卡尔·波普尔(Karl Popper)的思想。

一、媒介进化论是对达尔文思想的借用和补充

达尔文的巨著《物种起源》轰动了当时的学术界,书中的核心观点"生物进化论"被誉为19世纪自然科学的三大发现之一。生物进化论的中心论题是:生物在生存斗争的自然选择中,由低等到高等不断发展。[①] 这一核心思想被概括为四个字:适者生存。

达尔文是博物学家、生物学家,研究的是自然生命的进化;莱文森是

---

① 参见〔英〕查尔斯·罗伯特·达尔文:《物种起源》,赵娜译,西安:陕西师范大学出版社2009年版,前勒口。

媒介环境学学者，研究的是媒介技术的进化。莱文森跨越学科界限，总结了不同事物演进的规律，拓展了媒介研究的范围。

莱文森将达尔文提出的生物进化论应用于对媒介技术的研究，将人类视为媒介技术生存的环境，指出媒介的生存进化像生物在自然界的生存进化一样，必须适应生态环境。对于达尔文的理论，莱文森在借鉴的基础上进行了补充。达尔文的生物进化论有一个不足，即局限于"体内进化"，而没有考虑到人类的"体外进化"。人发明了技术，而技术作为人的延伸，可以说是人造器官，那么，技术的进化，就是一种"体外进化"。[①] 莱文森在自然科学之外，以达尔文的思想为指南，确定了自己的理论基调，将媒介技术进化理论补充到进化论思想中，创造性地拓展了达尔文的进化思想，使之更加完善。

二、媒介进化论是对坎贝尔思想的糅合和升华

莱文森在研究了达尔文的思想之后接触了坎贝尔的思想。坎贝尔是20世纪六七十年代西方进化认识论思潮的代表人物之一，他首次提出了进化认识论这个概念。进化认识论是建立在达尔文生物进化论基础上的一种认识哲学理论，从进化的角度解释人类认识世界的能力，认为人的认识能力基于人的生存发展需要，在人与自然界的长期互动中形成。具体而言，进化认识论认为：人类要生存，而自然对人类的选择给人类带来压力；在适应世界的过程中，人类要使用感知器官去完成认知活动；感知器官在与环境的相互作用中不断进化，人类的认识能力也随之不断进化。[②]

[①] 李曦珍、楚雪、王晓刚：《媒介是人的进化式延伸———达尔文"进化论"视阈下的麦克卢汉"延伸论"透视》，《甘肃社会科学》2011年第4期，第140页。

[②] 参见舒远招：《什么是进化认识论》，《湘潭工学院学报（社会科学版）》1999年第12期，第7页。

莱文森初次接触坎贝尔的著作是在1982年，即他研究波普尔的纪念文集《追求真实》(*In Pursuit of Truth*) 之时。其实，莱文森已经在他的毕业论文（写于1979年）中阐释了媒介进化的达尔文理论。接触了坎贝尔的思想后，莱文森认为坎贝尔关于进化的理论纲要更为有力，确立了进化认识论的原则，即人类的认知也要经历生物有机体那样的进化过程。莱文森吸收了坎贝尔的思想，他认为，人类掌握知识和发明技术的能力，是人类在进化过程中适应环境的体现。人类用大脑思考，因为人类需要让自己的认知系统适应环境，以便继续生存。[①]他进一步提出了自己的生物有机体和媒介技术进化间的延续和类推理论，将生物进化论升华为媒介技术进化论。坎贝尔认为，生物进化的过程是这样的：先是生成新有机体，然后是旧有机体不适应环境的特征被淘汰，再往后是幸存的特征或物种的继续繁殖。[②]莱文森的人性化趋势理论认为，媒介技术也经历了和生物进化类似的过程：先是人类创造了新的媒介技术，然后在竞争中不适应人性的媒介技术被淘汰或继续进化，最后是适应人性的媒介技术得以继续生存和发展。

三、媒介进化论是对波普尔思想的延伸和修正

波普尔是进化认识论的奠基人之一。作为著名的哲学家，他有两大著名理论遗产，即三个世界理论和试错法。莱文森的媒介进化论是对波普尔的两大遗产的延伸和修正。

在三个世界理论中，波普尔对世界的划分是：世界1为物质，如分子、

[①] 参见戴元光、夏寅：《莱文森对麦克卢汉媒介思想的继承与修正——兼论媒介进化论及理论来源》，《国际新闻界》2010年第4期，第8页。

[②] 参见杨瑞丽：《保罗·莱文森媒介进化论探析》，兰州大学硕士学位论文，2012年，第11页。

原子、花草树木、大脑等；世界2为心智，如情感、思考等；世界3为心智产品，如艺术、理论作品等。莱文森在修正波普尔三个世界理论的基础上，建立了自己的三个世界理论：世界1为除了人和人脑外的一切非生命物质和生命物质；世界2为人的大脑、思维活动及其他精神产品；世界3为人造的物质，就是技术。波普尔的世界3暗示了技术和知识的相似性，而莱文森的世界3将技术单独列为一条，点明了技术与知识的不同之处，认为知识在现实中被应用于生产，然后生产出了技术。这就打破了在波普尔的三个世界理论中技术的位置很难确定的局面。① 莱文森修正了三个世界理论对技术的认识，赋予了技术明显而重要的地位，以此来修正波普尔对技术的理解，并以他自己的三个世界理论提醒人们技术的重要性，提醒人们适应环境的技术是人类生存所需的首要物质，其次才是人类心智产品对人类生活的表现和点缀。

波普尔的试错法认为，知识的增长类似于自然选择过程的结果。知识的进化始于解决各种问题的需要。因为人类有各种问题，所以需要解决问题的思想，而这些思想都是尝试性的解答。新的思想在环境中被不断"试错"，能适应环境需要的得以生存，不能适应的则被淘汰。被环境接受的知识会被传播，并形成循环认识进化的过程。②

莱文森延伸了波普尔的试错法并将其应用于自己的理论体系，强调技术的进化同知识的进化一样，也是被人类试错的过程。技术不断接受人类的选择，或被淘汰，或获得进步得以进化，所以后来的媒介技术是对之前的媒介技术的补救。作为一名认识论专家，波普尔的理论为莱文森的理论打下了基础。在波普尔看来，思想的生存能力取决于它解决人类问题的能

---

① 参见秦州：《莱文森修正波普尔3个世界理论的得与失》，《自然辩证法研究》2013年第5期，第106、107页。

② 杨瑞丽：《保罗·莱文森媒介进化论探析》，兰州大学硕士学位论文，2012年，第10页。

力。莱文森据此认为，技术的生存能力取决于它们对人类的想法的准确表达程度，以此类推，媒介技术的生存能力取决于它们对人性需要的准确表达程度。

莱文森在纽约大学攻读博士学位时，开始形成对媒介世界的看法。在后来的岁月中，他把这样的视野与波普尔和坎贝尔的进化认识论结合起来。他坚持技术进化的视角，并为这一视角引入了认识论的哲学基础。对莱文森而言，达尔文的思想像是指南针为他的思想航船把握航向，并使之沿着既定的航线前行；坎贝尔的思想像是船帆帮助他的思想起航；波普尔的思想像是船只即将抵岸时吹来的阵阵海风，助力船只顺利停泊靠岸，驶入媒介环境学的港湾。从这个角度看，莱文森的成功基于他对各个学科的知识的理解和掌握。正如坎贝尔所指出的，莱文森是一位进化认识论专家，同时是波普尔哲学的阐释者。坎贝尔同时认为，作为进化认识论专家和波普尔哲学的阐释者，莱文森独树一帜地由对全新信息技术本质的展现建构了自己的哲学框架。①

第二节 林文刚：中西方学术沟通的桥梁②

美国新泽西州威廉·帕特森大学教授林文刚③和梅罗维茨、斯特雷特是同时代的学者。林文刚本科就读于香港浸会大学，主修传播学，辅修电影媒体课程，硕士就读于社会研究新学院，于1989年获得纽约大学媒介环

---

① 参见〔美〕保罗·利文森：《软边缘：信息革命的历史与未来》，熊澄宇等译，北京：清华大学出版社2002年版，原著前言，第XI页。

② 本节的部分内容来自2017年11月3日至2020年5月27日对林文刚教授的邮件和微信访谈。

③ 林文刚也是纽约大学斯坦哈特文化、教育与人类发展学院的兼职教授。

境学博士学位,著有《寻找自我:卡拉 OK 与美籍华人身份认同构建》(*In Search of a Voice: Karaoke and the Construction of Identity in Chinese America*)①、《城市饮食文化和传通②:世界非物质文化遗产的民族志研究》(*Urban Foodways and Communication: Ethnographic Studies in Intangible Culture Food Heritages around the World*)等书。

林文刚是当今学界活跃的媒介环境学代表人物、西方媒介环境学研究和中国媒介环境学研究的思想桥梁的主要架构者。他的研究涵盖媒介环境学、传播研究思想史、全球媒介研究、媒介与教育等领域。林文刚获得的主要奖项有:他编写的《媒介环境学:思想沿革与多维视野》在 2006 年媒介环境学年会上获得刘易斯·芒福德杰出成就奖;他的文章《媒介环境学:背景、概念和现状》("Media Ecology: Contexts, Concepts, and Currents")被收入 2014 年出版的《媒介和大众传播理论手册》(*The Handbook of Media and Mass Communication Theory*),并因此获得 2016 年媒介环境学年会为该领域的杰出文章颁发的瓦尔特·本雅明奖(Walter Benjamin Award);作为媒介环境学领域杰出的教育学家,他在 2014 年媒介环境学年会上被授予路易斯·福斯戴尔③奖(Louis Forsdale Award);2014—2015 学年获得纽约大学文化、教育与人类发展斯坦哈特学院优异教学奖(Teaching Excellence Award)。

---

① 波斯曼在为这本书撰写的序中说,这本书不仅是对一种文化和一个群体的研究,还提供了关于一种媒介如何融入一个群体的观察方法,并讨论了多元文化中的身份抗争问题。
② 此处译为"传通"。林文刚提倡将"传通"作为"communication"的对应中文译文,因为"通"强调了双向的作用和交流,就像"沟通"一词中的"通"字。——根据 2018 年 1 月 29 日对林文刚教授的微信访谈。
③ 福斯戴尔是哥伦比亚大学媒介教育领域的开拓者,他是波斯曼博士阶段的老师之一,也是将波斯曼介绍给麦克卢汉的人。

在媒介环境学学者的代际划分中，林文刚被归入第三代代表学者。他对媒介环境学的学术贡献主要体现在两个方面：一是他自身的学术成就对媒介环境学的贡献；二是他以自己的媒介环境学研究为基础，为中国和西方的媒介环境学思想的沟通搭建了桥梁。

一、林文刚的主要学术思想

关于媒介技术与环境的关系，林文刚提出了文化/技术共生论，这是他独创的媒介理念和传播理论（关于这一理论，本书第六章有详述）。媒介环境学学者独创的媒介理念和传播理论数量众多，广为人知的包括：英尼斯的偏向论、帝国论、知识垄断论；麦克卢汉的延伸论、讯息论、地球村、四定律；波斯曼的技术垄断论、泛娱乐论；翁的口语文化二分说；莱文森的人性化趋势理论、补救性媒介理论、新新媒介论；等等。林文刚的文化/技术共生论和这些理论一起，组成并照亮了媒介环境学这一研究领域。

林文刚着重从人类传播的结构和过程这一视角解析文化的形成和变迁，并以各种媒介的发展和符号、信息的特性为依据，分析历史、政治、社群、经济和文化的发展。他认为，在理解共生关系时，文化/技术共生论既不会对媒介/技术抱有偏见，也不会对人的因素抱有偏见。

林文刚的著作《寻找自我：卡拉 OK 与美籍华人身份认同构建》是他对作为一种媒介技术的卡拉 OK 和使用它的人群之间的共生关系的研究，是一种在媒介环境学和美国文化研究框架内的民族志研究［或者是美国人类学家克利福德·格尔茨（Clifford Geertz）所说的"深描"(Thick Description)］。该书解释了移民到美国的三个群体如何使用卡拉 OK 表达他们各自的文化、社会身份，以及在这个过程中卡拉 OK 作为媒介形式对他们的互动方式的塑造。《城市饮食文化和传通：世界非物质文化遗产的民族志研究》将饮食理解为一种传通方式。书中的主要观点是：所谓的"非物质饮食文化遗产"是一种共生关系的具体表现，这种共生关系是在饮食文化的交流过程中通过互动形成的。

除了独创的理论外，林文刚还从媒介环境学史论的角度分析了媒介环境学兴起的来龙去脉，并将西方媒介环境学与中国媒介环境学做了关联研究。

林文刚认为，媒介环境学是相对年轻但复杂的学科。他从麦克卢汉和波斯曼的研究谈起，阐述了媒介环境学在北美的学术起源简史，包括这门学科的兴起和建立。他还总结了媒介环境学的三个特征：

第一，媒介环境学承认传通和文化间的共生关系，因为传通是人类社会互动的过程，而文化是这一互动的产物。

第二，媒介环境学承认媒介和文化都是复杂的社会现象，认为要理解媒介和文化间的共生关系比较艰难。

第三，媒介环境学倡导人文主义的教学法。教学法是林文刚媒介教育理念的一个重要方面。他提出，在我们认为传播媒体可以为传通教育带来很多好处之余，也该小心地考虑它们带来的反效果。所以，在讲授传通教育课程的过程中，要善于使用不同的媒介技术，以求得一种教学效果的平衡。媒介环境学学者并不只研究媒介和文化的关系，实际上，他们也期望用自己的知识帮助文化或社会保持一种平衡的状态。这一点很重要，因为媒介环境学也应该被视为媒介教育的教育学和教育法，即一种教授我们的年轻人如何理解自己的文化，以及如何帮助保持文化平衡状态的方法。[1]

---

[1] 林文刚：《媒体环境学在北美之学术起源简史》，http://media.people.com.cn/GB/40628/5773173.html，2007年5月24日，访问日期：2019年3月18日。

关于文化平衡，林文刚谈到，在《作为保存活动的教学》里，波斯曼谈及两个"课程"。其中一个是人们熟悉的，即电视、电子媒介课程或主要使用影音材料来教学的课程；另一个是主要使用印刷媒介来教学的课程，以使用书面符号的读写活动为基础。教育者的任务即帮助学生以平衡的方式使用两者。由于学生在课堂外的生活是如此电视（电子媒介）化，因此当他们在课堂上学习时，教师应注意让他们使用印刷读物，以与电子媒介形成互补。林文刚假定，一个好老师可以通过上述方法有效地跟学生沟通，能引导他们在电子媒介和印刷媒介、在通识教育和职前训练之间保持健康的平衡，且能够获得学生的理解。

林文刚还解释了媒介环境学的机构化问题。他认为，任何学科都需要学者群体的共同投入。这是一个社会化的过程，是一个非自然的过程。研究旨趣相投的学者的互动能推动形成机构化的学科。第一次世界大战后，世界上尤其是北美发生的与技术文化相关的事件为媒介环境学的创建提供了社会基础。工业文化的发展促进了消费文化的繁荣，技术的发展使自然环境付出了巨大的代价。不同学科背景的人开始反思时代、技术和文化之间的复杂关系。媒介环境学就诞生在这一背景中，并因此具有了十分明确的研究内容：研究传播媒介的变化如何促进文化发生根本的、大范围的变化。从媒介环境学史论的角度出发，林文刚建议中国的媒介研究将媒介技术置于大的历史文化背景中，去思考媒介技术在这一背景中的角色和作用。

二、为中西方学术的沟通与发展做贡献

林文刚的师承关系，以及和其他教授的良好互动让他拥有了开阔的研究视野。林文刚曾受业于波斯曼、莫兰和尼斯特洛姆。此外，他还和其他

一些著名学者有过深入的交流。比如，关于去纽约大学媒介环境学专业攻读博士学位这件事，彼得·哈拉托尼克（Peter Haratonik）和莱文森均与林文刚有过深入的交谈，并给出了非常有价值的建议。正是在这些谈话的启发下，林文刚决定去拜访波斯曼，去了解他开设的课程。从那以后，林文刚走上了媒介环境学的研究道路。

林文刚的职业身份也帮助他为媒介环境学的发展做出了贡献。他曾担任美国全国传播学会的国际和跨文化部门的主席以及美国全国传播学会的亚太美国小组（Asian Pacific American Caucus）主席等。他还曾出任都市传播基金会（Urban Communication Foundation）的董事。

林文刚创建了媒介环境学会，并想方设法帮助媒介环境学获取更多的发展机会，启动了该学会和其他学术团体的联系。他与美国全国传播学会和国际传播学会取得了联系，并让这两个组织接受了媒介环境学会。媒介环境学会因此得以在高水平的国际平台上展示自己，并获得更好的发展。目前，媒介环境学会在美国全国传播学会享有参加年度预备会议的机会，在国际传播学会享有座席轮讲的机会。林文刚至少做了8年类似的工作，这是媒介环境学会在北美和更大的学术团体建立联系的过程，也是林文刚担任首届副会长时的一项工作。

林文刚还为媒介环境学领域的书籍、期刊的发展做出了贡献。一个学科要形成自己的研究范式、丰富自己的研究内容、获得合法的地位并不断进步，最有益的方法就是出版学术书籍和创建学术期刊。因此，在媒介环境学会创会之初，林文刚等人花了相当大的精力创建媒介环境学会自己的期刊。但是，学术书籍和期刊的主要读者是学者和研究生等，受众范围十分有限（这也是为什么波斯曼不按照学术期刊的标准撰写和发表文章，而尽量让自己的写作风格大众化）。进而，林文刚提倡，媒介环境学学者不仅要写教材，而且要在大众媒体上发表言论，就像麦克卢汉、波斯曼接受《花花公子》杂志采访那样。这样一来，媒介环境学学者的读者群就得到显著扩大。

林文刚主编的《媒介环境学：思想沿革与多维视野》是媒介环境学领域的一部重要作品。何道宽指出，这本书是该学派的小百科全书，是学派发展的重要路标。这个学派的历史和现状、深度和广度、学术关怀和社会关怀都通过这部作品展现在世人面前。这本书给国内的媒介环境学研究提供了权威的参考和注解，对中国媒介环境学的发展具有重要作用。

自20世纪90年代末以来，林文刚多次到访中国，在清华大学、北京大学、北京师范大学等高校作为嘉宾发言人发表演讲，题目包括"媒介环境学作为理论团体在北美的崛起"（The Rise of Media Ecology as a Theory Group in North America）、"媒介环境学与中国媒介、文化研究的关联"（Media Ecology and Its Relevance to the Study of Chinese Media and Culture）、"中国媒介素养教育探索"（Exploring Media Literacy Education in China）等。他还邀请国内学者到美国讲学，密切了两国学界在媒介环境学领域的联系。

早在21世纪初，林文刚在中国进行学术交流时就留意到了一种被称为"媒介生态学"的研究。他亦发现，国内往往以"Media Ecology"作为"媒介生态学"的英语翻译。2005年，他和其他几位学者一起推动并完成了为"Media Ecology"确定中文译名的大事。本书第一章对此有详述。

正是在这些活跃在美国和中国的学者，如林文刚、何道宽、斯特雷特（曾任中国国家高端外国专家项目专家）等的共同努力下，媒介环境学在中国不断发展，影响力逐渐扩大，从边缘走向了庙堂。2015年，媒介环境学正式以新闻传播学分支学科的身份进入了中国社会科学院新闻与传播研究所牵头编纂的词典《新闻学与传播学名词》。[①]

第三节 兰斯·斯特雷特：电子媒介塑造全新的环境

现任美国福特汉姆大学传播与媒介研究系终身全职教授、新媒介计划专业研究中心主任的兰斯·斯特雷特（1957—　），1978年在康奈尔大学获得学士学位，1981年在皇后学院获得硕士学位，1991年在纽约大学获得博士学位。斯特雷特是纽约州传媒协会前主席、普通语义学研究所主管及前执行主任。他在全球媒介环境学史论和新媒介研究等领域卓有建树，发表论文100余篇，出版专著多部。他的主要著作及合编作品有《回应与省思：论作为一个研究领域的媒介环境学》（Echoes and Reflections: On Media Ecology as a Field of Study）、《时间偏向论及普通语义学和媒介环境学论文集》（On the Binding Biases of Time and Other Essays on General Semantics and Media Ecology）、《麦克卢汉的遗赠》（The Legacy of McLuhan）等。

同尼斯特洛姆相似，斯特雷特在国内传播学界不如波斯曼、麦克卢汉等媒介环境学学者那么著名。然而，实际上，如果说他是当今北美媒介环境学界的明星人物毫不为过。

按照国内学界的划分，斯特雷特是媒介环境学第三代代表人物之一。但是，斯特雷特本人并不认可这一说法。在2017年1月9—10日于河南大学召开的"首届媒介生态学高层论坛"上，他表明，他不认为自己是第三代代表人物。在2017年度媒介环境学年会（举办地为美国加州圣玛丽大学）召开前夕，斯特雷特又谈到这个问题。他认为，总体上，代际的说法

[①] 参见何道宽：《媒介环境学：从边缘到庙堂》，《新闻与传播研究》2015年第3期，第117—125页。

是一种虚构，尤其是在媒介环境学这个领域并没有一个准确的开端日期的情况下。比如，斯特雷特曾和波斯曼说起，他认为波斯曼应该和英尼斯、麦克卢汉、翁同属第一代学者。但是，波斯曼并不同意，他认为自己是后来者，且与其他学者有年龄差距。所以，斯特雷特认为，如何理解代际这种说法，和一个人如何看待事物，以及如何组织事物有关系。①

另一方面，斯特雷特也表示，不管是否存在代际的说法，无可争议的是，他和梅罗维茨、埃里克·麦克卢汉等都是当今传播学领域最活跃的媒介环境学学者。

斯特雷特是媒介环境学会最主要的领导者、组织者。他曾任媒介环境学会会长，任期长达12年之久，并连续担任该学会学术期刊《媒介环境学探索》（*Exploration in Media Ecology*）主编达6年之久。媒介环境学会提供了一个正式的、独立于任何大学或学位点的制度结构，推进了媒介环境学的学术发展，②而斯特雷特使媒介环境学超越了一个学位点的制度限制，使媒介环境学者进入了传播学界更加广阔的领域。可以说，他和尼斯洛姆一样，是媒介环境学学科的"台柱子"。

斯特雷特对媒介环境学的界定，体现了他对这个研究领域的主要看法。关于媒介环境学是什么，斯特雷特的观点可以被概括为如下三个论断③，我们简称其为"斯氏论断"：

斯氏论断①：媒介环境学是纽约学派和多伦多学派，也是麦克卢汉

---

① 根据2017年1月9—10日在河南大学与斯特雷特的当面交流以及2017年6月15、16日对斯特雷特的电邮访谈。

② 参见〔美〕林文刚编：《媒介环境学：思想沿革与多维视野》，何道宽译，北京：北京大学出版社2007年版，第298页。

③ Lance Strate, "An Overview of Media Ecolgy," http://www.media-ecology.org/about-us/，访问日期：2019年3月19日。

学、口语文字学、美国文化学。

斯氏论断②：媒介环境学（Media Ecology）是对媒介环境（Media Environments）的研究。

斯氏论断③："媒介环境学"是"媒介学"。

一、斯氏论断①的主要内容

在斯氏论断①中，斯特雷特用排比的方式指出媒介环境学是由并列的诸多节点组成的。

首先，斯特雷特认为，媒介环境学延续了北美开放的知识传统，是具有很多节点的意识开放网络。

在斯特雷特看来：其一，媒介环境学应该被理解为一种知识传统，一个典型的北美传统。① 20世纪媒介环境学主要在北美发展，但这并不是说媒介环境学只是或者说必须和北美有关，而是说这个领域的演变受到北美学术传统的影响。② 其二，媒介环境学的传统建立在翁所称的"意识开放体系"上。③

斯特雷特指出，媒介环境学是思想、个人和出版物的网络，从许多方面来看，追踪这个网络间的链接是可能的。有些问题的链接可以让我们接近这个领域的核心理念，另一些则让我们离核心理念越来越远。但是，这个领域并没有限定的边界，就像没有一个最初的单一问题一样。这种链接要说明的是，只有超文本媒介（the Medium of Hypertext）能充分代表这样

---

① Camille Paglia, "The North American Intellectual Tradition," *Explorations in Media Ecology*, Vol. 1, No. 1, April 2002, pp. 21-30.

② Ibid.

③ Lance Strate, "A Media Ecology Review," *Communication Research Trends*, Vol. 23, No. 2, 2004, p. 5.

一个开放的网络，而超文本在一致性和规则方面会有一定的损失，尽管一致性和规则可能是人为制造的或者在本质上是武断的。因此，以节点为线索的阐述可能只能代表诸多可行的研究路径中的一种。在此基础上，在具体的文章中，斯特雷特选择媒介环境学领域的重要人物，也就是媒介环境学网络的节点进行研究，如将媒介环境学网络的三个主要节点，即麦克卢汉、翁和波斯曼作为某次学术研究航行的标记，通过网络进行阐述。①

斯特雷特说媒介环境学是纽约学派和多伦多学派，也是麦克卢汉学、口语文字学、美国文化学，因为所有这些都是媒介环境学这个开放的意识网络的节点。

其次，单一节点属于媒介环境学的研究范畴，但它并不能涵盖媒介环境学的全部。斯特雷特使用排比这一修辞手法意在说明，媒介环境学是所有节点的组合。

斯特雷特指出，在纽约和多伦多之外，对"媒介环境学"这个术语的应用和传播是缓慢的。在某些情况下，它的本意甚至在传播过程中被歪曲或丢失了。在此期间，其他术语被引进以指代同样的视角，例如多伦多学派、媒介理论、美国文化研究等。同时，由于这一研究和翁的研究联系紧密，以至于"口语文字研究"有时被视为"媒介环境学"的同义词。近几年，尤其是1998年媒介环境学会成立之后，"媒介环境学"已作为精选术语被广泛接受。② 所以，诸如"口语文字研究"等都不能代表媒介环境学的全部，不能等同于媒介环境学，但它们确实又属于媒介环境学这个开放

---

① Lance Strate, "A Media Ecology Review," *Communication Research Trends*, Vol. 23, No. 2, 2004, p. 5.

② Ibid.

意识系统的研究范畴。所以，媒介环境学是一系列并列的节点，除了斯氏论断①中列举的几个节点外，它还是其他节点的组合。斯特雷特进一步指出：媒介环境学不仅是纽约学派和多伦多学派、麦克卢汉学、口语文字学、美国文化学，还是语法和修辞、符号学和系统论、技术的历史和哲学；媒介环境学还是后工业和后现代的，以及前文字和史前的。①

最后，斯特雷特用排比的手法来形容媒介环境学，是因为媒介环境学学者的工作是辩证的。

斯特雷特谈到，有批评家认为媒介环境学学者提出的是一个"区别"理论，夸大了口语文化和书面文化的区别。② 接下来，斯特雷特举例说明了这个问题：事实确实是他们（媒介环境学学者）看见了口语文化和书面文化的区别，文字与图像的区别，字母和象形文字、表意文字的区别；对于书写而言，作为媒介的泥版和作为媒介的莎草纸的区别；羊皮纸和纸的区别；抄写复制和印刷机的区别；活版印刷术和电子媒介的区别；现在的虚拟世界和真实世界的区别。③ 然后，斯特雷特阐释了这一系列排比所说明的问题。他说，我可以继续举例加长这个清单。批评家们忽视的一个问题是，媒介环境学学者的工作常常是辩证的，他们用对比去理解媒介。④ 所以，对于以辩证的方式工作的媒介环境学学者而言，没有一个单一的节点强大到足以代表媒介环境学。

---

① Lance Strate, "An Overview of Media Ecolgy," http://www.media-ecology.org/about-us/, 访问日期：2019 年 3 月 19 日。

② Lance Strate, "Studying Media as Media: McLuhan and the Media Ecology Approach," *Media Tropes*, Vol. 1, 2008, pp. 127-139.

③ Ibid.

④ Ibid.

二、斯氏论断②的主要内容

为什么说"媒介环境学（Media Ecology）是对媒介环境（Media Environments）的研究"？

斯特雷特在《媒介环境学评论》（"A Media Ecology Review"）这篇文章中谈到，媒介环境学体现了翁所谈论的"环境"角度。翁将媒介环境学形容为一种新的意识状态，他建议从"环境"的角度出发去考虑当代问题。他认为对人类早期生命的思考在达尔文的工作中达到了顶峰，自然选择与个体和环境的相互作用有关。人类的事物与电子传播媒介如电话、广播和电视的培养过程相关。① 要研究人类的事物，就要研究培养人类的事物的电子媒介。

斯特雷特解释说，这种从"环境"角度出发的考量对麦克卢汉的媒介研究、对媒介环境学研究，都是很重要的。"媒介即讯息"这句话表明，在电子媒介时代，一个全新的环境被创造出来。这个新环境是对工业时代旧的机械环境的重新加工。② 媒介环境学（Media Ecology）的理念就是科学技术、信息模式在人类事物中起主要作用，要研究的就是由科学技术、信息模式等构成的媒介环境（Media Environments）。③ 媒介环境学是对"环境"的研究，并且这个环境是经由媒介的传播形成的。

---

① Lance Strate, "A Media Ecology Review," *Communication Research Trends*, Vol. 23, No. 2, 2004, p. 3.

② Ibid., p. 4.

③ Lance Strate, "An Overview of Media Ecology", http：//www.media-ecology.org/about-us/，访问日期：2019年3月19日。

三、斯氏论断③的主要内容

在上述讨论的基础上,有了斯氏论断③:"媒介环境学"是"媒介学"。斯特雷特认为,媒介环境学重视研究媒介本身,强调媒介本身在人类事物中的重要性。所以,媒介环境学不仅是技术进化论,还是媒介逻辑理论、媒介学。①

结合斯氏论断①,因为媒介环境学是由许多开放的节点组成的网络,所以媒介环境学这个"媒介学"对媒介的理解也是开放的。

进入智能传播阶段——一个媒介环境学视角(杭州师范大学别君华)

总之,媒介环境学是一个开放的体系,它不仅仅是麦克卢汉研究、芒福德研究、口语文化研究等。不管媒介环境学跨越了多少学科,研究领域多么宽广,它都离不开"媒介",都强调媒介本身的作用。所以,斯特雷特又说,媒介环境学是"媒介学",它围绕着媒介逻辑、以媒介理论为依据开展研究。

第四节 雅克·艾吕尔:从神学的角度反思技术

雅克·艾吕尔(Jacques Ellul)(1912—1994)出生于法国,1936年在波尔多大学获得法学博士学位。1937—1938年,艾吕尔在蒙彼利埃大学做讲师,1938—1939年在斯特拉斯堡大学做法律教授,1943年成为波尔多大学的法律教授,1980年退休。

艾吕尔是闻名遐迩的社会理论家、技术哲学家。他以敏锐的洞察力研

---

① Lance Strate, "An Overview of Media Ecology", http://www.media-ecology.org/about-us/,访问日期:2019年3月19日。

究现代社会,主要著作有《王国的存在》(*The Presence of the Kingdom*)、《技术社会》(*The Technical Society*)、《技术系统》(*Technical System*) 等。①艾吕尔基于神学视角的研究使他对技术与人类关系的看法独树一帜。

一、罪恶的技术

艾吕尔关于技术的思想主要包括如下两个方面:

(1) 艾吕尔认为技术具有如下特点:其一,自主性。技术具有自主性,它不顾人类的感受,并让人类承担它造成的后果。其二,自我扩张能力。技术本身可以衍生,而且在衍生的过程中,几乎不需要人类的过多介入。其三,数量庞大,不断发展。海量的技术在无目的地发展,导致人类盲目地生活,处于被技术引导的状态。②

(2) 艾吕尔认为,应该从神学的角度去观察和思考城市和技术问题。

"神学是致力于认识上帝的独特科学。它之所以不同于其他科学,是因为它的对象是独特的,只能按其本身性质来领悟,只能从其使自己被我们认识而创造的存在中的实际情境以内来领悟。"③ 于是,《圣经》成为他思考技术、城市和人的关系的源头。为了从神学的角度描写技术,他追踪了《圣经》里关于城市的叙述。艾吕尔得出如下结论:城市中充满了罪恶的诱惑;城市是人类自以为是的伊甸园,却不是上帝的伊甸园。城市提供的不是上帝喜爱的栖息地,所以,上帝经常说要"毁坏"它(城市),并

---

① 参见〔美〕林文刚编:《媒介环境学:思想沿革与多维视野》,何道宽译,北京:北京大学出版社 2007 年版,第 71—73 页。

② 同上书,第 94—97 页。

③ 〔英〕托伦斯:《神学的科学》,阮炜译,北京:中国人民大学出版社 2003 年版,第 347 页。

且咒骂建造城市的人，例如建造"以诺"这座城市的该隐。①

艾吕尔一直致力于研究城市问题。乡村之所以不在他的考虑范围内，是因为乡村环境主要是自然环境，不是基于技术建造的。显然，艾吕尔将"技术"与"城市"联结起来加以分析。那么，在他看来，上帝也诅咒技术吗？

艾吕尔在谈论上帝对城市的诅咒时，常用的一个词语是"罪恶"。在艾吕尔看来，"技术"是"罪恶的"，城市是对人的罪恶的谴责。那么，这是一种怎样的罪恶呢？这种罪恶不是个人的罪恶，也不是集体的罪恶。这种罪恶是复杂的，"这是因为除了个人和群体的罪恶之外，还有潜隐在城市底层的邪恶的、难以驾驭的力量。从神学的角度说，'技术'就是这样深层的罪恶，这是结构性的罪恶，给人类生活的各个方面抹黑的罪恶。"②由此可见，上帝也诅咒技术。

二、矛盾的观点

按照艾吕尔的思想，在从事社会理论分析工作时，分析者应该是一个基督徒，否则无法完成这项神圣的事业。艾吕尔常常用"完整的他"来指上帝。"我们面对尊贵的上帝时，必须自己谦卑、顺服，不要把自己凌驾于上帝之上，否则人不能真正认识到上帝。"③ 艾吕尔认为，人们要认识到，上帝和人类相比，拥有的是丝毫不受约束的自由。上帝不想利用技

---

① 参见〔美〕林文刚编：《媒介环境学：思想沿革与多维视野》，何道宽译，北京：北京大学出版社2007年版，第89、90页。

② 同上书，第90页。

③ 〔英〕托伦斯：《神学的科学》，阮炜译，北京：中国人民大学出版社2003年版，中译本导言，第11页。

术,自然也不会受制于技术,因为上帝不用追求工业效率。他认同人类也有自由选择的权力,但是,"人的自由不能损害神的自由。神的自由总是优于人的自由。永远如此,在各方面都是如此。然而另一方面,神的自由也不能损害或搁置人的自由"①。

由于重视自由,艾吕尔认为人类的解放非常重要。他认为人类不能寄希望于社会学这样的学科去求得解放,而应该寄希望于上帝,因为上帝是人的真正自由的源泉和保证。在艾吕尔看来,唯一的、真正的、绝对的和固有的自由是上帝知道的自由,这是我们的自由的基础和根基。可是,现代技术让人类追求自由的道路发生了变化。

艾吕尔认为,技术对人进行制裁,给人类套上了枷锁。技术文明形成的汪洋大海淹没了人类。于是,人类只能生活在由技术塑造的人造环境中,只能在技术创造的虚幻世界中寻找人类生存的意义。相应地,自然环境中的一切对人类的意义都在变小,因为即使在面对飓风、火山时,人类也会采用相应的技术措施去应对。当自然环境影响人类的能力不够大时,自然环境的地位也就不那么重要了。技术发展到今天,它有能力一意孤行。这意味着人类往往更重视技术,而忽略了上帝。这样的人类,其实正在吟唱离自由越来越远的哀歌。

艾吕尔进行研究的终极目的是拯救被技术桎梏的社会和人类。他认为,实现社会振兴以及反抗上述技术对人类的反制的途径就是宗教信仰。原因在于,人不应该仅仅作为可被利用的资源而存在,人还要过内心丰富的生活,而宗教能提供最有营养的内容,是使人类被技术摧残的心灵得以康复的伟大力量。然而,艾吕尔又坚决反对廉价、折中、适当调节的解决

---

① 〔美〕林文刚编:《媒介环境学:思想沿革与多维视野》,何道宽译,北京:北京大学出版社 2007 年版,第 92 页。

方式。历史已经证明,宗教和政治总是联姻,而宗教和政治似乎都已无力拯救现今的世界,也无法改变技术社会。①

"如果人们打心眼里相信某些特定的'神启'决定或预设了我们的思想框架,那么很显然,他们所要遵循的神学的思维就是'从创造到救赎到末日'这样一条线。然而,我们从《圣经》中所获知的其实并不是宿命论或毫无意义的选择,而是:历史确实有其发展轨迹,但人的能动性仍然很重要,历史上总有一些运动由于人的选择而指向了某些特定的结论。"② 关于人在社会发展过程中的作用,艾吕尔是认可的。他认为人的革命是必不可少的,人的决策是有用的。然而,艾吕尔的观点显得自相矛盾:他既认为人的决策是有用的,又认为人已经被技术主宰,机械的秩序压倒一切;他既认为宗教可以帮助社会实现振兴,宗教是道德③的源泉,又认为宗教组织会和政治合谋,宗教时代也已经走到了尽头,因此宗教不能够,也不值得被寄予厚望。艾吕尔的思想是理性的、有高度的、纯净的,同时是自相矛盾的,在现实中很难行得通。他不允许任何一种妥协,认为对技术温和、适当的管理政策不能拯救人类被扭曲的人性,而能够解救社会、人类的力量是一种极端革命化的力量,是技术之外的力量。至于这种力量是什么,他似乎给不出明确的答案。他追求的似乎是一种普遍性的道德准则。我们只能说,"在神学和哲学层面,我们一直以理性原则为指导。我们相

---

① 参见〔美〕林文刚编:《媒介环境学:思想沿革与多维视野》,何道宽译,北京:北京大学出版社 2007 年版,第 90—105 页。

② 常江、田浩:《克利福德·克里斯琴斯:用存在伦理学替代理性伦理学——媒介伦理研究对个体理性的"抵制"》,《新闻界》2020 年第 1 期,第 9 页。

③ 本节中"伦理""道德"做等义使用,指的都是人类要遵循的普遍的法则。在有些学者那里,这二者经常被等义使用;在另一些学者那里,它们则被加以区分。参见张志丹:《无伦理的道德与无道德的伦理——解码现代社会的伦理-道德悖论》,《哲学研究》2014 年第 10 期,第 110 页。

信，正如康德所言，只要人类普遍具有理性，那么普遍性的道德标准终会普及开来"①。

有观点认为，艾吕尔的思想是伦理学思想，他的伦理学是关心自由的伦理学，他试图将人从技术的奴役当中解放出来，让人重新拥有自由选择"非技术因素"的权力。自由是艾吕尔伦理思想的出发点和最终归宿。② 艾吕尔爱人类，所以想让人类获得自由。同时，艾吕尔将技术视为人类生存的环境，认为技术环境让人类不自由。他的这种思想，又是媒介环境学思想的体现。在对待技术方面，艾吕尔和芒福德的观点有相同之处：他们都认为技术对人的影响是负面的，也都认同技术本身并不是魔鬼，但"技术崇拜"是魔鬼。③ 他们的思想的不同之处体现为：艾吕尔从神学角度出发思考如何解决问题，芒福德则从生态视角出发思考如何解决问题。

不管将艾吕尔的思想归入哪个学科，毫无疑问的是，艾吕尔视角独特的研究成果丰富了媒介环境学理论。学界对他的思想的研究体现出的是对学术多样化的尊重。

第五节 埃里克·麦克卢汉：马歇尔·麦克卢汉学术思想的守护者与突破者

埃里克·麦克卢汉（1942—2018，以下简称"埃里克"）博士是一位

---

① 常江、田浩：《克利福德·克里斯琴斯：用存在伦理学替代理性伦理学——媒介伦理研究对个体理性的"抵制"》，《新闻界》2020年第1期，第10页。

② 参见李伦、潘宇翔：《从力量伦理到非力量伦理——埃吕尔在技术社会中苦寻自由》，《自然辩证法研究》2018年第11期，第36页。

③ 参见〔美〕林文刚编：《媒介环境学：思想沿革与多维视野》，何道宽译，北京：北京大学出版社2007年版，第103页。

享誉国际、屡获殊荣的传播学学者,曾任加拿大多伦多哈里斯艺术学院主任。众所周知,埃里克是大名鼎鼎的马歇尔·麦克卢汉(为了方便区分,本节以下内容使用简称"马歇尔")的儿子。埃里克于 1972 年在威斯康星州立大学获得传播学学士学位,分别于 1980 年和 1982 年在达拉斯大学获得英语文学硕士和博士学位。

埃里克出版的著作主要有《媒介定律:新科学》(Laws of Media: The New Science,和父亲合著)、《媒介和形式原因》(Media and Formal Cause,和父亲合著)等。国内学界对埃里克的研究不多,截至 2019 年 9 月,除了一篇郭镇之教授对埃里克博士的访谈文章外[①],没有其他对他进行研究的主题文章。事实上,埃里克在媒介环境学领域做出了具有独创性的贡献,值得专门研究。

一、讨论文艺复兴,提出媒介环境学应关注的问题

斯特雷特认为,埃里克是一位优秀的学者,研究领域覆盖传播学、心理学、修辞学等。在研究媒介的过程中,埃里克结合文艺复兴讨论了媒介环境学研究今后应该关注的主要问题。

埃里克谈到,"文艺复兴"在 16 世纪就已经发生,然而,1845 年,"文艺复兴"(Renaissance)一词才首次出现在英语中。因此,"文艺复兴"这个词实际上是 19 世纪的发明。这个现象表明,直到两个世纪之后,人们才从文艺复兴带来的震惊中恢复过来,并为它创造了一个词。埃里克认为,文艺复兴作为一种由媒介技术引发的"边界现象"(Border Phenomenon),出现在不同文化阶段的边界的融合过程中,以及新文化阶段的发展

---

① 参见郭镇之:《关于麦克卢汉的思想——与埃里克·麦克卢汉博士的一次访谈》,《现代传播》1999 年第 4 期,第 16、17、18、104 页。

过程中。①

关于文艺复兴的发展情况,埃里克有如下观点:

首先,由电报引发的文艺复兴今天依然存在。埃里克认为,电报引发了文艺复兴,同时,媒介技术的发展引发了大规模的环境变化,文化、艺术和科学的每一个角落,都被收编进不断发现新文化的过程。今天的生活不是理性的,而是千变万化的,只是人们可能没有意识到。原因在于,一般来说,经历了文艺复兴的人是看不到文艺复兴的,电子媒介的存在和普及使文化的变化变得无形。

其次,目前,文艺复兴没有减弱的迹象,相反,它显示了种种加速的迹象。埃里克认为,文艺复兴的加速与媒介技术有关。现在,西方文化发生变化的一个重要表现是"群体体验"(Group Experience)在大规模受众中复兴。互联网技术让受众可以超越时空,同时在线参与各种网络活动,这就是一种群体体验。②

埃里克还指出,目前,人们的流动让全球的游牧趋势日益明显,所有的文化相互渗透。这些都属于环境变化,都是媒介环境学研究的对象,应该结合媒介技术进行研究。他认为,媒介环境学是研究自然环境,以及我们投放到土地、空气和水中的不同物质的学科,媒介环境学学者要试图去理解本土和全球的环境问题。他引用了父亲的著名论断:就像空气和水一样,人类创造的媒介也是环境。③ 埃里克强调,应该在环境中理解新的或旧的媒介。任何新技术都趋向于创造一个新环境,对衣服、剧本和轮子这

---

① Eric McLuhan, "Concerning Media Ecology," *Explorations in Media Ecology*, Vol. 5, No. 3, 2006, pp. 186-187.

② Ibid.

③ Ibid., pp. 185, 186, 191.

些媒介技术来讲,情况都是这样的。① 所以,理解媒介就要理解被媒介影响和塑造的、仍处于文艺复兴中的世界。

二、联系"形式原因"研究媒介技术,终结"稻草人争论"

在斯特雷特看来,埃里克是媒介环境学领域一位重要的学术贡献者,他使亚里士多德的"四因说"作为一种理解人类传播、创造性表达和技术创新效果的手段得到进一步发展。斯特雷特认为,这是埃里克最重要的学术成就。在《媒介和形式原因》一书中,埃里克阐述了一种新的理解媒介技术的方式。埃里克的这项研究成果将终结技术决定论的"稻草人争论"。② 之所以这样说,主要有两方面的原因:

第一,埃里克分析、说明了马歇尔的研究目标:探索、记录和解释"形式原因"对事物的作用,进而说明媒介环境学认为媒介技术是影响人和社会的形式原因,但不是唯一原因,也不是所有原因。

关于事物与原因,亚里士多德提出了著名的"四因说":质料(Material)原因、目的(Final)原因、形式(Formal)原因和动力(Efficient)原因。让我们以制作鞋子为例,说明这四种不同的原因。在制作鞋子的过程中,质料原因是皮革或兽皮;动力原因是鞋匠,更准确地说,是鞋匠将原材料转化为成品的行为;形式原因是被创造的事物的定义或类型,它最初是艺术家心中的一个计划,在作品的结尾以变形的材料的形式出现;"对足部的保护"是目的原因,即这双鞋是为了保护足部而制作的。在

---

① Marshall McLuhan and Eric McLuhan, *Media and Formal Cause*, Houston: NeoPoiesis Press, 2011, pp. 3-12.

② 根据 2018 年 6 月 1 日媒介环境学会发给会员的通告埃里克·麦克卢汉逝世的电邮。

《形而上学》中，亚里士多德较多地讨论了"四因说"，但对"形式原因"解释得很少。长期以来，形式原因被认为是某种计划或蓝图。某种程度上，它依然是个谜：受过教育的头脑发现它太矛盾和无理性。传媒专业的学生会发现，在过去的500年里，西方科学通过简单的碎片化和量化过程，系统地排除了对形式原因的研究。①

埃里克谈到，据他所知，亚里士多德是第一个写形式原因的人。亚里士多德在谈到形式原因时认为：形式原因是事物的精华（essence）。但是，亚里士多德从来没有明确指出"某事物的形式原因是产生它的基础"，尽管他在很多场合都试图这么做。埃里克认为，马歇尔和他合著的《媒介定律：新科学》一书也关注了形式原因。他们提出的四定律进一步发展了亚里士多德的思想。四定律分析的是主体力量的作用，提供了一种对（媒介进化）的形式原因的分析。马歇尔的观点"媒介是一种无形的、始终存在的提供服务或损害的旋风"说的正是媒介作为形式原因对人类的影响。②

马歇尔认为，技术对人类产生影响，是因为技术本身是形式原因，但它并不是唯一原因和所有原因。除了技术，还有其他原因也对人类产生影响。埃里克解释道："关于马歇尔与技术决定论，以及对马歇尔的非难，让我在此说明一下。马歇尔的目标始终是探索形式原因，他对质料原因、动力原因或目的原因并没有特别的兴趣——质料原因、动力原因或目的原因都属于'决定论'的范畴，而且它们都是'常规科学'（Normal Science）

---

① Eric McLuhan, "On Formal Cause," *Explorations in Media Ecology*, Vol. 4, No. 3-4, 2005, pp. 181-184.

② Ibid., pp. 183-200.

的关注点。"①

常规科学是讲规范、循规蹈矩的科学。"'常规科学'意味着这样的研究,它是坚实地建立在一种或多种过去科学成就基础上的研究,这些被某个科学共同体在一段时间内所认可的成就可以作为它进一步实践的基础。"② 辩证法的逻辑论证属于"常规科学"的内容,"形式原因"属于新科学的内容,而新科学不是讲规范、循规蹈矩的科学。为什么辩证法的"逻辑论证"和"形式原因"相处起来这么困难?这是因为形式原因是非理性的,而辩证法是理性的。除了不被辩证法欢迎的"非理性"这一属性,形式原因还包含其他辩证法不欢迎的属性:它不是连续的;它不是按照时间发生的顺序排列的;它在时间之外活动;它和辩证法没有关联点。因此,形式原因不属于辩证法的研究范围。形式原因像是一个局外人……形式原因对于辩证法专家来说毫无用处,它不提供思维范畴的东西,也解决不了他们的任何问题。它既不回答,也不问任何适合辩证法专家接纳和处理的问题。③

有趣的一点是,埃里克关于形式原因的研究,既借用了亚里士多德的思想(四因说),又反叛(脱离逻辑对形式原因进行研究)了亚里士多德

---

① 请注意《媒介定律:新科学》书名中的"新科学"三个字。埃里克谈道,《理解媒介:论人的延伸》曾被批评家指责"充斥着错误""不科学""语无伦次"。当《媒介定律:新科学》问世时,批评家又一次忙碌起来,纷纷宣称并不喜欢这本新书。几乎所有批评家都未曾注意到,这本书是具有科学性的,不过并非建立在常规科学的基础上。这本书和《理解媒介:论人的延伸》都不能被视为正统的科学,因为它们都不是源于任何当下的或先前存在的理论或理论体系。参见〔加〕埃里克·麦克卢汉:《〈理解媒介〉的世纪延伸》,王蓓译,《中国图书评论》2015 年第 1 期,第 23 页。

② 吴彤:《库恩与科学实践哲学》,《自然辩证法通讯》2013 年第 1 期,第 21 页。

③ Eric McLuhan, "On Formal Cause," *Explorations in Media Ecology*, Vol. 4, No. 3-4, 2005, pp. 196-197.

的思想。斯特雷特在分析埃里克的学术研究工作时说，形式原因是对逻辑的反叛，埃里克提供给我们的，是一种非亚里士多德式的亚里士多德（Non Aristotelian Aristotle）。①

第二，埃里克揭示了"稻草人争论"的实质并加以批驳。

"稻草人争论"指的是，想证明自己的观点优于对方的观点时，先歪曲对方的观点，然后攻击这个被歪曲的观点。斯特雷特在《媒介和形式原因》一书的序言中称，马歇尔等媒介环境学学者被视为技术决定论者受到批判。然而，实际上，技术决定论是未经应有的考虑便加到媒介环境学学者身上的词汇，我们应该尽快结束类似"马镫引起封建主义""技术造就历史"这样的速记法引起的争论。"原因引起结果"这样的语言表述是一种简单的、武断的速记法，说不清楚复杂的过程。②

埃里克结合亚里士多德"四因说"的分析，说明了马歇尔的观点并不是技术决定论的观点。如果先以歪曲的形式将马歇尔等人设定为技术决定论者，然后再攻击这个被歪曲的设定，那么，对"被歪曲"观点的攻击自然是不成立的。所以说，埃里克的研究将终结"稻草人争论"。

埃里克关于形式原因的学术成果，是对马歇尔的学术研究的突破，这一研究成果是新鲜的。③ 斯特雷特认为：马歇尔的《理解媒介：论人的延伸》是20世纪最重要的书籍之一，而对于任何想要了解媒介技术是如何运作的人来说，《媒介和形式原因》是21世纪最重要的书籍之一。可以说，这本小书提供了对"形式原因"的范围广泛的理解。"有其父必有其

---

① Marshall McLuhan and Eric McLuhan, *Media and Formal Cause*, Houston: NeoPoiesis Press, 2011, Forward, p. x.

② Ibid., pp. ix-x.

③ Ibid., p. vii.

子",当我们阅读那些引人入胜的、百科全书式的文章时,我们发现,"形式原因"并不是你所想的那样……这对你如何思考至关重要。莱文森认为,《媒介和形式原因》这本书充满智慧和洞察力,它捕捉并延伸了一种典型的、独特的思考媒介的方式。书中的内容与古代世界相联系,却为我们的现在和未来增色。美国爱默生学院的托马斯·库珀(Thomas Cooper)教授认为,通过阅读《媒介和形式原因》这本书可以发现,没有人能像马歇尔的儿子埃里克那样,更好地揭示对形式原因应有的理解。①

三、积极参加学会事务,号召媒介环境学学者立即行动

作为具有世界影响力的媒介环境学家,尽管埃里克没有担任过媒介环境学会的会长或副会长,但是他积极参与学会事务。② 他是数次媒介环境学会年会的重要发言人,也是媒介环境学会会刊《媒介环境学探索》的编辑委员会成员。由于他对媒介环境学发展的突出贡献,2007 年他在媒介环境学会公共知识分子活动中获得了尼尔·波兹曼职业成就奖。③

埃里克经常通过《媒介环境学探索》发表对媒介环境学领域其他学者的研究工作的看法,对学者们的研究做出积极的评价。如他谈道:哈罗德·英尼斯和埃里克·哈弗洛克的作品是必不可少的,他们开启了必需的研究路径……④

---

① Marshall McLuhan, Eric McLuhan, *Media and Formal Cause*, Houston: NeoPoiesis Press, 2011, Forward, p. v.
② 根据 2018 年 5 月 27 日媒介环境学会通告埃里克·麦克卢汉逝世的电邮。
③ 同上。
④ Eric McLuhan, "Concerning Media Ecology," *Explorations in Media Ecology*, Vol. 5, No. 3, 2006, p. 195.

埃里克特别指出了媒介环境学学者需要立即采取的三项行动：

一是要在每一项新技术应用之前，都对它进行检查和研究，就像药物在被宣布可以被公众安全地使用之前，要被研究一样。新技术只有通过研究被确认是无毒的，才可以大范围使用。

二是要组织项目，去研究不同文化和社会中的所有新、旧技术，以及它们塑造的媒介环境。需要记录不同文化对不同媒介的反应，并且学会预测新媒介可能带来的效果，尤其是要研究新、旧技术对人类的副作用。

三是要设计和实施带有控制目的的研究。即使研究发现某种新媒介对某种文化无害，也要进一步确认，这种新媒介会不会影响另一种文化的幸福感，会不会让另一种文化感受到它的危害和毒性。这项工作就像"气象"监测工作一样，可能会持续对新媒介塑造的环境进行一段时间的监测，也可能会对环境做周期性的监测。这样做的目的是让地球上的人受益，虽然这样做的结果无疑会对一种新媒介造成暂时的压制。

在指明了行动内容的基础上，埃里克充满激情地向媒介环境学学者发出号召。他说："如果你是真正的媒介环境学学者，这（三项行动）就是你的未来，应该也是你的现在。"他说，媒介环境学的研究工作不是一项观赏性的工作。俗话说，在地球这艘"太空船"（地球像太空船，依赖自身的有限资源生存）上，只有工作的船员，没有空间留给乘客。请停止空谈，成为具有冒险精神的媒介环境学家。请走出象牙塔，进入控制塔。[①]

总体上来看，埃里克的学术人生可谓独具特点：

---

① Eric McLuhan, "Concerning Media Ecology," *Explorations in Media Ecology*, Vol. 5, No. 3, 2006, pp. 195-196.

首先,埃里克的学术人生与他父亲的学术人生息息相关、不可分离。如果没有马歇尔在传播学界的成就和声望,就不会有对埃里克的积极关注。从这个角度看,应该说是马歇尔成就了埃里克的学术生涯。

其次,埃里克的学术身份特殊。他是著名的"讲师",直到逝世也没有获得"教授"这样的学术头衔。从这个角度看,可能是马歇尔影响了他学术身份的提升。

在对埃里克的介绍中,有人将他描述为"一位在传播学和媒介方面国际知名、获过奖的讲师(lecturer)"。通过前文的阐述可以看出,埃里克是有自己的创造性学术成果的。如果他不是马歇尔的儿子,可能反而可以顺利晋升为教授。但是,人们往往只注意到他父亲的光芒和成就,仅仅将他的研究看作是他父亲的思想的一种延续,似乎离开了马歇尔,埃里克的学术成果就不值得深究、无甚可谈。

然而,这种态度可能是草率的,因为事实并非如此,例如,在埃里克和马歇尔合著的《媒介和形式原因》这本书中,第四章是埃里克独立所作,而且这一章被斯特雷特认为是对媒介环境学研究具有突破意义的一章;[1] 又如,《媒介定律:新科学》一书是马歇尔和埃里克合著的,埃里克曾明确谈道:"正是出于与时俱进的目的,我们写作了《媒介定律》","正如我在《媒介定律》的导言中所述,我们找到了四种(定律)"。[2] 遗憾的是,国内新闻传播学界在谈论"媒介四定律"(被誉为"天鹅绝唱")时,提到的往往只是马歇尔,而忽略了埃里克。

---

[1] Marshall McLuhan, Eric McLuhan, *Media and Formal Cause*, Houston:NeoPoiesis Press, 2011, Forward, p. vii.

[2] 埃里克·麦克卢汉:《〈理解媒介〉的世纪延伸》,王蓓译,《中国图书评论》2015年第1期,第22、23页。

不管国内外学术界对麦克卢汉父子的争议多么激烈，毋庸置疑的是，他们都是媒介环境学研究领域的旗帜性人物。埃里克在继承、延续其父亲的学术研究的基础上，也做出了具有独创性的学术贡献，理应得到学术界更多的关注、研究和借鉴。①

---

① 参见梁颐、唐远清：《埃里克·麦克卢汉媒介环境学研究述评》，《国际新闻界》2019年第10期，第166—176页。

第六章　媒介环境学学者与技术决定论

媒介环境学学者的研究，尤其是麦克卢汉的研究，曾引起诸多争议。"媒介环境学学者是技术决定论者"是对媒介环境学学者常见的评价。例如，威尔伯·施拉姆（Wilbur Schramm）指出，英尼斯和他的学生麦克卢汉，是技术决定论者。① 法国学者让·鲍德里亚（Jean Baudrillard）也有类似的言论：由于回避了人和团体经由媒体建立的具体关系，麦克卢汉的"地球村"预言成为一种技术决定论。② 詹姆斯·卡伦（James Curran）则对英尼斯、麦克卢汉等所谓媒介技术论者的纷繁芜杂的学术研究做了统一的总结，认为这是有关媒介对社会变革所产生的影响的带有技术决定论色彩的历史叙事：每种新的传播技术及方式对时空维度都进行了改变，从而影响了社会的组织形式；依据技术决定论的传统，新的传播方式改变了人类感觉和认知的本质。③

2000年以来，国内传播学界越来越重视对媒介环境学的研究，但是，

---

① 参见李明伟：《媒介环境学派与"技术决定论"》，《国际新闻界》2006年第11期，第40页。

② 参见〔法〕让·鲍德里亚：《物体系》，林志明译，上海：上海人民出版社2019年版，译序，第16页。

③ 参见〔英〕詹姆斯·卡伦：《媒体与权力》，史安斌译，北京：清华大学出版社2006年版，第65、66页。

"媒介环境学学者是否是技术决定论者"这一问题在某种程度上影响了媒介环境学在国内的发展。原因在于，如果把媒介环境学学者一概视为技术决定论者，那么，对媒介环境学的理论思考，或者结合现实进行的创新和探索，往往会被片面地认识，并因此导致研究风险，影响研究者的积极性。为回避这一风险，有的研究者，尤其是年轻学者，只能对媒介环境学望而却步，或就"学派"论"学派"，就"麦克卢汉"论"麦克卢汉"，之后，再无从着手进行理论突破。[①]

有观点认为，把媒介环境学学者都定性为技术决定论者过于武断，因为媒介环境学派并不认为技术是社会历史变化的直接、唯一的因素。在他们的论述中，可以看到传播内容和特定环境的作用，他们承认多种因素对社会历史变化的影响和人在媒介面前的主观能动性，不认为社会将在技术的规定下朝着一个既定的方向演进，更没有描绘一个万事详备的未来。他们只是强调，媒介本身与社会图景的宏观变化有着莫大的关系。[②] 何道宽曾指出：技术、媒介和文化的关系问题，是争论最激烈、最容易引起误解的问题。[③] 技术决定论是研究者给媒介环境学学者贴上的标签，但这个标签是否贴切值得琢磨。

[①] 已有研究者对这种"方法论拜物教"现象提出质疑："方法论拜物教"本身正是在研究方法方面一个亟待引起反思与警醒的不良倾向……长期以来，传播学都偏向于套用社会学、心理学等成熟的社会科学的实证研究范式，甚至食而不化地衍生出一种不求做出真正学术发现而纯粹是"炫技"式的和"绣花枕头"式的量化方法的运用方式，"言必谈数据"，而不去追究数据背后那些真正有价值和有深度的问题。参见龚伟亮：《强制征地拆迁问题的传播政治学》，中国传媒大学博士论文，2013年，第17页。

[②] 参见李明伟：《媒介环境学派与"技术决定论"》，《国际新闻界》2006年第11期，第42—43页。

[③] 何道宽：《媒介环境学辨析》，《国际新闻界》2007年第1期，第49页。

第一节 媒介研究中对技术决定论的界定

每一种新媒介的出现，都可能引发媒介沙场的鼓角争鸣和铁骑硝烟；每一种新媒介的出现，都可能带来社会关系中的权力角逐和动荡震颤；每一种新媒介的出现，都可能引发思想疆域的观点爆炸和群雄论战。媒介给人类生活带来的是巨变，所以人类必须不断地思考：为什么这种媒介会带来人们生活的变化？这些变化是必然的吗？相应地，技术决定论成为研究媒介的学者们讨论的关键词。

关于技术决定论还有很多其他的提法，如技术统治论、技术万能论、技术至上主义、技术霸权主义、技术帝国主义、技术救世主义等。所有这些名称，其实质都是认为技术对社会具有决定性的影响。"技术决定论"一词对技术强大的力量做出了高度形象的概括，因而成为学术研究中的高频词汇，并成为受哲学、社会学等学科瞩目的词汇。相反相成，热点问题也导致了研究的野蛮繁殖和概念的模糊难辨。所以，我们需要厘清"技术决定论"的概念。

一、媒介研究中的硬、软技术决定论

虽然对技术的研究日益受到重视，"技术决定论"也早已成为热点词汇，但"技术决定论"在不同的研究中含义不同。对于在多学科领域以多种面貌出现的技术决定论，只有在具体的研究领域才能准确地把握其含义。

关于技术决定论，媒介研究中多采用二分法加以划分，即硬、软技术决定论。莱文森指出：有些媒介学家认为信息系统对社会具有必然的、不

可抗拒的影响，他们称这种关系为硬技术决定论。软技术决定论认为媒介很少产生绝对的、不可避免的社会后果。相反，媒介提供事件产生的可能性，而事件的状态是各种因素共同起作用的结果。也就是说，其他的关键因素同样对结果的出现起作用。[①]

媒介研究中所说的"媒介决定论"一般指的是硬技术决定论，诸如"麦克卢汉是技术决定论者"等类似的论断，在没有特别说明的情况下，指的都是硬技术决定论（下文所论的决定论，在没有特别说明的情况下，指的也是硬技术决定论）。

硬技术决定论建立在三个原则上：其一，强调技术对事物结果的产生起绝对的、必然的作用，即只要有媒介技术"自己"存在，事物的结果就一定会产生；其二，强调技术是对社会起作用的唯一因素，即人类社会的一切都单向、唯一地受技术的控制；其三，强调技术对人的全面控制，人在技术面前无能为力。

软技术决定论建立在两个原则上：其一，强调技术决定作用的有限性，即技术只提供事物发生的可能性；其二，强调事物的发生是众多因素共同作用的结果。

可见，"硬技术决定论"和"软技术决定论"的关键区别在于对技术能在多大程度上"自主"地影响社会变迁的看法。这两种决定论可用下面的式子表示：

$T \rightarrow S$…………硬技术决定论【式子1】

$T + S_{(小)} \rightarrow S_{(大)}$…………软技术决定论【式子2】

[①] 参见〔美〕保罗·利文森：《软边缘：信息革命的历史与未来》，熊澄宇等译，北京：清华大学出版社2002年版，第3—4页。

其中，T代表技术，S代表社会，$S_{(小)}$代表社会中的一些局部因素，$S_{(大)}$代表社会的整体变迁。①

需要注意的是，从上面两个式子可以看出，无论在硬技术决定论还是软技术决定论中，技术与社会影响之间的关系都是线形的，是单向的。这两种决定论包含的因果关系都是单一的，缺乏互动和循环。

二、文化/技术共生论与生态技术决定论

在媒介研究中，还有学者用三分法界定技术决定论，增加了处于软硬两极间的阶段，主要观点包括：

首先，将两极中间界定为"文化/技术共生论"。"文化/技术共生论"认为，人类文化是人与媒介不间断的、互相依存因而互相影响的关系。②

其次，将两极中间界定为"生态技术决定论"，即认为媒介技术对社会的影响，大至全球，小至人类某一小的生态环境，都受制于诸多生态因素的作用。传播技术和社会影响之间，不是简单的线性因果关系，而是循环往复的复杂关系。

通过比较可见，文化/技术共生论与硬技术决定论明显不同，与软技术决定论的共同点在于，均认可媒介技术不是导致事件产生的唯一因素，区别在于对"互动"的看法。

生态技术决定论和文化/技术共生论都认可媒介技术与其他因素的互动和相互影响，区别在于前者强调媒介技术与其他因素互动的生态视角，

---

① 参见徐梓淇、刘钢：《从媒介的发展看技术与社会的关系——兼论技术决定论与社会建构论的贫困》，《社科纵横（新理论版）》2010年第1期，第225—226页。

② 参见何道宽：《媒介环境学辨析》，《国际新闻界》2007年第1期，第48页。

认为媒介技术要遵循人类的生态伦理,在和谐的互动中生存、发展,指向的是媒介与人类生态之间的平衡。

第二节 媒介环境学者缘何被认为是技术决定论者

通常认为,传播学分为三大学派,即北美主流经验学派、批判学派和媒介环境学派。那么,为什么媒介环境学派的学者往往被认为是技术决定论者?

首先,媒介环境学派的又一个名称是"技术学派"。这种命名方式容易引起误解。

国内学者在相关研究中一般使用的是"媒介环境学"这个名称,但也有使用"技术学派"这个名称的研究。

其次,传播学三个学派的研究内容不同。

三个学派虽然都进行媒介研究,但只有媒介环境学研究的是媒介本身。麦克卢汉的名句"媒介即讯息",表达的就是这个意思。麦克卢汉有一个巧妙的比喻:媒介的内容好比是一片滋味鲜美的肉,破门而入的窃贼用它来吸引看门狗的注意力。只留意到"肉",而放过了"窃贼"的人,怀着的是技术白痴的麻木态度。① 麦克卢汉强调的正是当时的传播学界不重视的内容:媒介技术本身。

仿照麦克卢汉的风格,如果将上述比喻中的"肉"换成"鸡蛋",就可以这样说:媒介内容是媒介技术生产的,如果媒介技术是"母鸡",那么媒介内容就是"鸡蛋"。如是观之,经验学派和批判学派重视研究的都

---

① 参见〔加〕马歇尔·麦克卢汉:《理解媒介:论人的延伸》,何道宽译,南京:译林出版社 2019 年版,第 30 页。

是媒介技术生产的内容,即"鸡蛋"。经验学派会研究诸如"鸡蛋如何更受人类喜爱"等问题,如卡尔·霍夫兰(Carl Hovland)的经典传播说服效果研究;批判学派会研究诸如"是否消费批量生产的鸡蛋而非柴鸡蛋会影响人类健康""流水线生产鸡蛋背后的政治经济利益"等问题,如法兰克福学派代表之一本雅明对文化工业时代灵光消逝的哀悼,传播政治经济学派奠基人达拉斯·斯麦兹(Dallas W. Smythe)对电视节目是商品的担忧。只有媒介环境学研究的是那只"母鸡",认为"母鸡"的存在本身就是"讯息"。人们往往忽视"母鸡"存在的意义,而麦克卢汉为"技术母鸡"鸣不平,所以他被视为技术决定论者。

麦克卢汉对"窃贼"的强调

最后,传播学三个学派对媒介技术的态度不同。

北美主流经验学派以实证主义为信条、以技术统计为手段,力求在最短的时间内,用最少的资金,得出最有用的结论。这个学派重视媒介技术的工具性,关注如何让媒介技术服务于体制,因此开展了大量关于媒介的传播效果的研究,例如,传播的说服效果研究。

以法兰克福学派、传播政治经济学派和文化研究为代表的批判学派,对于媒介技术生产出的内容态度很明显:批判。批判学派的批判包括对控制文化工业的机构的指责。这些机构为了政治经济利益,功利性地生产媒介内容去控制和影响大众。法兰克福学派态度鲜明地批判了媒介技术的发展导致的文化现实。马克斯·霍克海默(M. Max Horkheimer)和西奥多·阿多诺(Theodor W. Adorno)认为,媒介技术生产的大众文化是"欺瞒大众的启蒙"。霍克海默曾谈道:"通过大众传媒以及其他影响方式来形成人们的思考和感情,通过对表达思想的客体以及对客体的思考方式、对能够提供丰富信息的建议和操作进行有效控制,来缩小个人思维的差别……"①
"阿多诺认为,流行音乐纯粹是文化工业的商业运作。它有两个特点:一是标准化,二是伪个性。"② 赫伯特·马尔库塞(Herbert Marcuse)对技术进步导致的单向度社会进行了批判,他认为:"我们对控制的深度和有效性的看法会招致这样一种异议,即认为我们过高地估计了'新闻媒介'的输入力量,认为人们自己会发现和满足如今强加在他们身上的种种需要。"③ 传播政治经济学派创始人之一赫伯特·席勒(Herbert Schiller),反对将大众传播作为征服的工具。在他看来,媒介技术的革新促使文化帝国主义对人的宰制日益加剧。"通过计算机技术,很有可能进行文化交流甚至文化统治。"④ 相对而言,文化研究对媒介内容的态度较为温和,认为"现代传媒的首要文化功能,便是选择建构'社会知识'和社会影像"⑤。打着"平民主义"旗号的文化研究,更重视将媒介文化与阶级、种族、性别相连的研究,注重研究"大众文化是自下而上发端于底层社会,还是自上而下来自高高在上的精英阶层,抑或是两者之间的一种相互作用?""是谁,是什么决定了大众文化?"⑥ 等问题。

媒介环境学派对媒介技术的态度则完全不同。媒介环境学派希望媒介技术与人类和谐共存,关注宏观的媒介环境对人类的生存发展以及人类心理的长效影响。媒介环境学学者心怀"和谐"的理念,认为:对于技术,

---

① 曹卫东编选:《霍克海默集》,渠东、付德根等译,上海:上海远东出版社2004年版,第329—330页。

② 陆扬、王毅:《大众文化与传媒》,上海:上海三联书店2000年版,第55页。

③ 〔德〕赫伯特·马尔库塞:《单向度的人:发达工业社会意识形态研究》,刘继译,上海:上海译文出版社2006年版,第9页。

④ 张国良主编:《20世纪传播学经典文本》,上海:复旦大学出版社2003年版,第482页。

⑤ 陆扬、王毅:《大众文化与传媒》,上海:上海三联书店2000年版,第16页。

⑥ 同上书,第17页。

该批评的时候就要批评,如艾吕尔对"技术至上"和"宣传"的批判、芒福德对王者机器的讨伐、麦克卢汉对电视的否定态度①;该肯定的时候就要肯定,如芒福德的技术有机论主张生态伦理的和谐、平衡,认为"即使面对王者机器和超级技术,通过有机论来获救的可能性也还是存在的"②,并期待着未来的和谐世界。正是由于媒介环境学学者对于技术持有不同于传播学其他两个学派的"和谐"的态度,便容易被误解为对技术的态度是技术至上,是技术决定论者。

第三节 媒介环境学派代表人物与技术决定论的关系

本书逐一分析媒介环境学派13位代表人物的思想中与技术有关的观点,并评析"媒介环境学学者是技术决定论者"这个观点。

格迪斯是一位生态思想家,他最早研究了自然、人造环境及人类文化的相互关系。芒福德是他著名的弟子。芒福德对技术的强调让人容易将他与技术决定论联系在一起。虽然芒福德根据自己的技术标准对历史进行了分期,但他其实是一位人本主义者,他的研究有一个隐含的视角:人类的本质不因环境改变。芒福德受格迪斯的影响,持生态视角的技术有机论,主张技术是生命生物学意义上的延伸,主张有机力量、技术力量间的平衡,并没有过分强调技术的力量。

英尼斯被认为是传播史最权威的"制图师"。他的"媒介偏向理论"

---

① 麦克卢汉对电视的态度从这件事可见一斑:他在1976年的一封信里说:"让艾米莉(埃里克的女儿)少看电视。电视是可恨的毒品,它传遍神经系统,尤其渗透进青少年的神经系统。"参见〔美〕林文刚编:《媒介环境学:思想沿革与多维视野》,何道宽译,北京:北京大学出版社2007年版,第125页。

② 同上书,第69页。

为人熟知，人们也往往因此将他与技术决定论相连。但是，有两个主要原因能说明英尼斯不是技术决定论者：首先，英尼斯对传播的兴趣来自他早期对政治经济学的兴趣。政治经济学认为，物质因素在调节社会劳动分工、保持社会秩序稳定等方面扮演了重要的角色。他从政治经济学的背景出发，认可物质因素在历史发展中的重要作用，但并不认为其是唯一起作用的因素。比如，他在博士论文《加拿大太平洋铁路史》里描述了交通运输系统的历史地位。他的研究背景促使他将经济垄断原理扩展到了信息领域，研究媒介影响下的信息垄断，如中世纪教会的信息垄断如何被印刷版的《圣经》打破。其次，英尼斯认为，媒介有偏向且有强大的影响力，并不等于媒介具有决定性；媒介的作用仅限于"加速""促进"或"推动"复杂的社会进程。他认为影响社会进程的还有其他因素。①

在媒介环境学学者中，麦克卢汉最常被指认为技术决定论者。在某种程度上，这种指认已经达到流行的程度，而这种流行往往又引发了人们对麦克卢汉的学术研究的争议，甚至嘲笑。麦克卢汉本人和莱文森都强调过对这一评价的不认可。麦克卢汉曾因此事登门给莱文森留言："我喜欢你的论文，但是你的表达有误。你把英尼斯和我说成是'媒介技术决定论者'，这是不妥当的。"② 后来，莱文森声明，麦克卢汉不是硬决定论者。莱文森说："激进的媒介学者的观点看上去可能会是硬决定论，事实上在支持软决定论，他们往往因此而受到嘲笑。"莱文森借用麦克卢汉的一句名言为其正名："如果电视早点产生的话，就不会有希特勒。"莱文森认为，很明显，希特勒的出现是多种因素作用的结果，比如人们的选择。麦克卢汉这

---

① 参见何道宽：《媒介环境学辨析》，《国际新闻界》2007年第1期，第48页。
② 〔美〕保罗·莱文森：《数字麦克卢汉——信息化新纪元指南》，何道宽译，社会科学文献出版社2001年版，第259页。

句话强调的是：广播这种只传播声音的传播媒介，更有利于希特勒的信念的广泛传播。虽然麦克卢汉的想法很激进，但他并没有强调在只有广播的情况下必然会产生希特勒，他意在用这个例子比较广播和电视这两种传播方式。然而，遗憾的是，麦克卢汉的批评者经常忽略了他的客观性，仅仅震惊于他有力、精彩而又激进脱俗的表达，然后以极端的方式评价他。①

爱森斯坦著有名垂青史的《作为变革动因的印刷机：早期近代欧洲的传播与文化变革》一书。为了批驳不实的批评，作者破题时就明确宣示，她不主张技术决定论："其中的'an agent'表明印刷机是西欧变革的动因之一，我没有说印刷机是特定的变革动因（the agent），更没有说印刷机是唯一的变革动因（the only agent）。"②

哈弗洛克认为，希腊文化从口语到书面传统的转移，对人类文化的形成具有深刻的意义。媒介环境学的一个基本原理是：媒介是文化能够在其中生长的技术。哈弗洛克的贡献恰恰在于他发现了培养文化的两种技术：口语和书面语。他认为，从这两者中生长出了不同的希腊文化。哈弗洛克确实发现了培养文化的技术，但他并不认为技术是培养文化的唯一物质。在哈弗洛克的构想中，口语社会的关键是记忆，而要激活个人记忆，不仅需要口语，如诗歌朗诵，还需要物质环境的提示。也就是说，口语作为培养文化的媒介技术，需要和物质环境等其他因素共同作用，才能促成文化的培养。

沃尔特·翁和哈弗洛克在口语文化领域均卓有成就。他们令人信服地

---

① 参见〔美〕保罗·利文森：《软边缘：信息革命的历史与未来》，熊澄宇等译，北京：清华大学出版社2002年版，第4页。
② 〔美〕伊丽莎白·爱森斯坦：《作为变革动因的印刷机：早期近代欧洲的传播与文化变革》，何道宽译，北京：北京大学出版社2010年版，译序，第5页。

指出，文字和口述包含着两种完全不同的意识模式。① 但是，翁的研究并不认可文字或口述对社会文化的单向和必然的作用。翁指出：文字是技术。"从某种意义上看，文字是三种技术（文字、印刷术、电脑）中最彻底的技术，它启动了一种技术，以后的印刷术和电脑无非是继承了这种技术而已。"② 进而，翁认为，不同的文化对文字记录的信任程度，必然会有所不同。也就是说，翁认可不同的文化在使用文字方面的差异，认为文字作为技术会影响社会，但并不必然会在不同的环境中产生同样的结果，而是会在与文化的融合中产生结果。

波斯曼的思想明确指向处于两极中间的生态技术决定论。他在媒介环境学会成立大会上所做的报告，体现了其思想的生态维度。他认为，媒介环境学的研究旨趣在于使人们生活得更好，使地球这个大家庭维持平衡、和谐的生态环境。他还认为，媒介能够使文化里的政治、经济组织和思维方式具有一定的形态。波斯曼说：在媒介环境学这个术语里，我们把媒介放在环境前面，意思是说，我们感兴趣的不仅是媒介。我们还想说，媒介与人互动的方式给文化赋予特性，你不妨说，这样的互动有助于文化的象征性平衡。③

莱文森曾公开表明自己对技术的立场，他说："我拒绝接受任何完全的决定理论——不论是科学的、宗教的或其他。""在本书（《软边缘：信息革命的历史与未来》）中软决定论将成为研究信息技术和社会结果之间

---

① 参见〔美〕约书亚·梅罗维茨：《消失的地域：电子媒介对社会行为的影响》，肖志军译，北京：清华大学出版社2002年版，第15页。
② 〔美〕沃尔特·翁：《口语文化与书面文化》，何道宽译，北京：北京大学出版社2008年版，第62页。
③ 参见〔美〕林文刚编：《媒介环境学：思想沿革与多维视野》，何道宽译，北京：北京大学出版社2007年版，第44页。

第六章　媒介环境学学者与技术决定论

关系的主要方法。"关于媒介技术与事物发展，莱文森认为必须考虑"人"的因素："对于媒介理性的、有意的决定和计划，人的选择是我们分析媒介影响时始终要考虑的因素。"①

莱文森用软决定论定位自己的研究立场，但进一步看，他持技术持生态视角，他是一个生态技术决定论者。他结合人类生态阐述的媒介进化律具有生态技术决定论的意味，指出生存下来的媒介必然是适应人类生态的。

梅罗维茨结合部分媒介环境学学者的理论和戈夫曼的场景理论，研究了电子媒介影响社会行为的机制。梅罗维茨认可除媒介技术外的其他因素的作用。他强调："每一类角色都依赖于特定的信息系统，因此当一种文化采用新的传播媒介时，角色行为就会按照一种可预测的方向发生变化。我认为群体身份、社会化程度和社会中权威层次与不同性质的公共场景的数量、台前与幕后场景区分的清楚程度以及所在地域和社会经历之间关系的强弱有直接关系。"②

斯特雷特认为，自己曾经的立场是软技术决定论，即认为媒介虽然能对结果产生影响，却并不能决定结果。同时，他提请人们注意，即使认为技术不能起到决定作用的人也要注意，在本质上人们要重视一个事实，即不管是在生物环境中，还是在技术环境中，环境都会对人类行为施加一些约束。③ 事实上，在理解媒介技术与人类社会时，斯特雷特始终强调要持

---

① 〔美〕保罗·利文森：《软边缘：信息革命的历史与未来》，熊澄宇等译，北京：清华大学出版社 2002 年版，第 4 页。
② 〔美〕约书亚·梅罗维茨：《消失的地域：电子媒介对社会行为的影响》，肖志军译，北京：清华大学出版社 2002 年版，第 8 页。
③ 参见〔美〕兰斯·斯特拉特：《麦克卢汉与媒介生态学》，胡菊兰译，开封：河南大学出版社 2016 年版，第 83 页。

整体的、互动的、生态的视角。他认为:"我们需要调解生态、提取生态和了解生态。""我们通过语言、艺术形式和符号系统进行调解,我们还通过技术、技巧和技术体系进行调解。具体地说,我们与环境之关联,各自不是作为独立的实体,而是作为生态系统中相互依赖的不同部分。""电力与电子传播的结果包含着向一个更加全盘的、更加生态化的世界观的转变,突出显示了相互依存、动力的交互性,以及对综合性的强调。"①

林文刚结合媒介技术解析文化的形成和变迁。正如前文所述,他持文化/技术共生论,并认为在理解这种共生关系时,该理论既不对媒介抱有偏见,也不对人的因素抱有偏见。

埃里克为父亲做助手 15 年,在思想上深受父亲的影响。1980 年麦克卢汉去世后,他继续研究有关新技术的思想。他认可媒介技术之外的因素对人的影响,不认为媒介会给不同文化、国家和民族带来同样的效果;认为对不同条件下媒介给文化带来的影响要进行比较研究。同时,他认为,"不能说媒介与社会是一对一的关系,每种媒介都处在总的媒介环境中"②。

梅罗维茨在谈到英尼斯、麦克卢汉、哈弗洛克、爱森斯坦、翁五位学者时指出,他们并不认为传播模式能完全决定文化和个性,但他们认为传播模式的改变是造成社会变化的一个重要因素,而这一因素通常被忽略了。同时,梅罗维茨认为,虽然他们的理论认为新媒介转变了文化和意识模式,但这种转变是通过增加新的传播手段实现的,旧的传播手段可能依然存在。比如,电话虽然影响了写信的频率,但并未令写信这种方式被淘

---

① 参见〔美〕兰斯·斯特拉特:《麦克卢汉与媒介生态学》,胡菊兰译,开封:河南大学出版社 2016 年版,第 69、99 页。

② 郭镇之:《关于麦克卢汉的思想——与埃里克·麦克卢汉博士的一次访谈》,《现代传播》1999 年第 4 期,第 18 页。

汰。所以，在系统论和生态学中，隐含着媒介对社会的作用的原理。也就是说，当新因素加入旧环境中时，我们得到的不是新旧因素简单相加的环境，而是胜过部分之和的全新环境。① 所以，从这个角度看，梅罗维茨认为上述五位学者的思想中都有生态的意味。

综上所述，在13位学者中，格迪斯、芒福德、波斯曼、莱文森是生态技术决定论者；英尼斯、麦克卢汉父子、哈弗洛克、爱森斯坦、翁、梅罗维茨、斯特雷特是软决定论者，同时不排斥研究的生态角度；林文刚认可文化/技术共生论。在严格意义上讲，生态技术决定论主张平衡、和谐、融合，已经是一种"非技术决定论"了。

可以确定，"媒介环境学学者是技术决定论者"这一说法明显不够全面和准确。同时，将某一学派的学者的某一方面的思想统归于一类，也是偏颇的。有时，对学派进行归类是为了给后来的研究者提供方便，但当事人未必认可这种归类，如，福柯被认为是结构主义的代表之一，但他自己并不承认甚至想否认这一点②；有时，某一学派是由一群旨趣相同的研究者组成的组织，但旨趣相同并不意味着观点也相同。同时，一个学派复杂的研究内容不是一个词语所能涵盖的，比如，"技术"或"批判"等词语就不能涵盖一个学派所有学者的研究主旨，而我们也不能顾名思义地或断章取义地去理解一个学派。批判学派的一个分支——文化研究学派的学者约翰·费斯克（John Fiske），就公开表明自己对大众文化的热爱，并挑战批判学派另一分支法兰克福学派的观点。

---

① 参见〔美〕约书亚·梅罗维茨：《消失的地域：电子媒介对社会行为的影响》，肖志军译，北京：清华大学出版社2002年版，第15、16页。
② 参见〔美〕约翰·费斯克等编撰：《关键概念：传播与文化研究辞典（第二版）》，李彬等译注，北京：新华出版社2004年版，第277页。

媒介与技术（北京交通大学李冰）

总之，将媒介环境学学者与技术决定论联系在一起的观点在学界存在已久。我们必须认识到：仅仅重视对技术的研究，当然无法涵盖人类社会发展、文化进程等宏大主题；而仅仅重视研究技术生产的内容，同样不可取。

客观、冷静地看，传播学三个学派虽各取其道，各有所长，但它们对媒介内容和形式的研究都是十分必要的。

第七章　新媒介环境中的人类生存

第一节　新媒介环境中信息"提取"的变化

人离不开与外界环境的交流、互动。麦克卢汉认为,"柯日布斯基的普通语义学标志着一种新型的思维和推理方法,此方法折射出与电子技术有关的新型媒介环境,最近又折射出与以计算机为基础的数字技术有关的新型媒介环境"①。柯日布斯基认为,在与环境相处的过程中,人需要通过信息"提取"(abstracting)来形成自己的环境图谱,从而和外部世界交流。斯特雷特认为,新媒介环境研究需要麦克卢汉和柯日布斯基的思想。麦克卢汉和柯日布斯基都是高度独立的、跨学科的思想家,他们共同拥有的研究途径是整体性的、关联式的,是具有生态性的。从根本上说,他们关心的都是做人究竟意味着什么。他们认为人类不是孤立的人类,是与环境有关联的人类。②

媒介技术发展带来媒介环境的变化,由报刊、广播、电视等为主构成的旧媒介环境,转变为由互联网、手机等为主构成的新媒介环境。研究新

---

① 〔美〕兰斯·斯特拉特:《麦克卢汉与媒介生态学》,胡菊兰译,开封:河南大学出版社2016年版,第62—63页。

② 同上书,第62—69页。

媒介环境中人们的信息"提取"发生了怎样的变化,就是在研究人类生存环境的变化。

一、信息"提取"模式的"无中心"特征

麦克卢汉认为,任何技术都将逐步创建一个全新的人类环境。柯日布斯基认为,人离不开符号传播,人需要通过"提取"符号信息来形成认知。柯日布斯基注重观察和分析提取的过程,他认为符号提取是高水平的信息提取过程。① 不同的符号意味着不同的提取模式,传播语言与图像符号所用的媒介技术不同,提取模式也会有区别。生存在不同媒介环境中的人,提取信息的活动会受到不同的影响。由互联网、手机等塑造的新媒介环境,相对于报纸、广播、电视等塑造的旧媒介环境而言,一个显著的变化是传播的"无中心"趋势越来越强,这导致信息提取模式出现了"无中心"的特征。

印刷媒介的传播受到时空的限制。关于报纸,英尼斯曾谈到,1710年邮路增加之后,报纸的影响范围不断扩大;18世纪初期,伦敦等地区的交通条件得到改善,有利于以印刷形式出版的各种文学形式的发展。② 印刷品的远距离运输面临很多困难,需要时间、人力等成本。电子媒介则不然,电磁波不会被地理疆域的边界阻隔,可以穿越时空,瞬间抵达远距离时空。相对于印刷媒介的传播能力而言,电子媒介承载的符号传播突破了时空的限制。所以,在理论上,处于地球上任何一个点的个体,都可以通

---

① 参见〔美〕兰斯·斯特拉特:《麦克卢汉与媒介生态学》,胡菊兰译,开封:河南大学出版社2016年版,第63—68页。

② 参见〔加〕哈罗德·英尼斯:《传播的偏向》,何道宽译,北京:中国人民大学出版社2003年版,第125、131页。

过电子媒介被连接起来。广播、电视已经具备了穿越时空的特征，只不过在广播、电视占主导地位的媒介时代，信息提取模式仍然不是完全"无中心"的。原因在于，旧媒介环境中的符号传播模式仍然是由点及面的。广播、电视的传播，有大众媒介组织，有把关人存在。即使广播电台、电视台数量再多，且有时使用可移动的直播车，但从总体上看，固定的地理位置依然存在，传播者和信息接收者的地理位置仍然不可流动。

新媒介环境则全然不同。移动互联网使网络结构发生了变化。在PC网页主导互联网的时候，网页是基础节点，是静止的，不能私有。而在普遍使用移动互联网的情况下，人通过手机等移动终端成为基础节点，网络结构以App为主导，节点链接更加复杂，网络去中心化的程度非常高。[①] 公共媒体和自媒体共存，传播者众多，携带电脑、手机的传播者的地理位置是流动的。理论上，每个人都可以成为传播者，每个人都可以携带电脑、手机并不停地位移，以至于任何位置都可以成为传播的中心。旧媒介时代的中心和边缘被彻底打破，信息提取模式的"无中心"特征突出。正如麦克卢汉和斯特雷特认为的：环境具有影响其中的有机体的能力，人作为有机体受技术环境的影响，并由环境塑造。这不是一种被动的包装，而是一个主动的过程。我们已经通过我们的想法、发明和行为从根本上改变了环境。未来促使世界向更美好的方向发展，我们必须理解世界。[②] 我们尤其要理解的是世界上由于技术导致的、正在发生着的变化。

---

① 参见快手研究院：《被看见的力量：快手是什么》，北京：中信出版社2020年版，序二，第18页。

② 参见〔美〕兰斯·斯特拉特：《麦克卢汉与媒介生态学》，胡菊兰译，开封：河南大学出版社2016年版，第69页。

二、信息"提取"程度的"无量化"趋势

自文字发明以来,尤其是印刷术发明以来,符号系统的存在大大提高了信息的存储和传播能力,英尼斯、波斯曼、翁等媒介环境学家在分析文字等符号的传播时,常将它们与文明社会的变化相关联。媒介技术信息存储和传播的能力对于塑造环境、影响文明起到了重要的作用。人类在勾画自己的环境图谱的过程中,提取到的信息是不完全的、部分的、支离破碎的,能提取到的信息量与媒介技术密切相关。人类提取信息量的程度,在媒介技术的影响下不断发生变化。

印刷术被广泛应用后,即使考虑到个体身份和地位的差异,在总体上,人类可以提取的信息量也比以前增加了。进入新媒介环境后,数字存储技术使人类可提取的信息量极大地增加。从口语文化、抄写文化、印刷文化到电子文化、数字文化,媒介技术的发展导致信息"提取"量的不断增加。发展到新媒介环境阶段,人类面临的已经是信息增加程度的"无量化"趋势。"无量化"意味着总量趋于无穷大,以至于难以计量。

如前文所述,符号信息的提取是高水平的信息提取。相对而言,也有低水平的提取过程,即感官知觉方面的信息"提取"。"感觉是一种理性。味觉、触觉、嗅觉、听觉和视觉,不仅仅是令人享受或与之相反令人难受的感觉工具,而且是获取知识的工具。"[①] 以麦克卢汉整体的、生态的、相对的思想看,这两者并非彼此孤立。新媒介技术提高了符号传播能力,让高水平的提取更高效、快捷。同时,低水平的提取不断受到频繁发生、海量袭击的高水平提取的冲击和刺激,"提取"程度可能是超载、过量的。

---

① 〔美〕兰斯·斯特拉特:《麦克卢汉与媒介生态学》,胡菊兰译,开封:河南大学出版社2016年版,第60页。

信息提取的超载、过量，会导致人对信息产生疲惫、麻痹的感觉，以至于出现波斯曼所谓的"信息致死"（informing ourselves to death）现象。[①]信息"无中心""无量化"的传播，对人类的影响十分深刻：

首先，"无中心"和"无量化"的信息"提取"，导致产生了一种困境。

"信息"已经被互联网技术"炸飞""炸裂"。新媒介环境中的人能清楚地感知到这一点：每天被各种信息淹没，应接不暇，眼花缭乱，甚至无所适从。比如，微博、微信等平台传播的信息是碎片化的、海量的，纷乱复杂，很容易让人迷失其中。在急遽的信息洪流中，人们有时挣扎着想停留在某处，却因为信息流量过大、过快而手足无措。这就是当今人们的生活状态。

在新媒介环境中生存的人类，往往处于暴雨般的信息洗刷中，而且，这是一种永无止境的过程。媒介技术发展的目的，是把能延伸的人类感官全部延伸。被外在信息主导和控制后，人基本上被"外化"，在外在的媒介技术中找寻着自己、重塑着自己。人类很难逃脱技术，尤其是互联网出现后，人们几乎随时随地都处于互联网的笼罩下，人的生活被互联网化了，越来越依赖技术、离不开技术，冲破不了信息的网，结果是人们的存在感的消失。

存在感的消失与重新寻找存在感的过程，是一个矛盾的循环：媒介导致了身份的失落，人们却只能以使用媒介的方式，在媒介中寻找身份。事实上，从导致存在感消失的始作俑者那里去寻觅存在感，是不可能达到目的的，这是一种困境。这种困境导致的结果是，人类的生活方式倾向于娱

[①] 参见〔美〕兰斯·斯特拉特：《麦克卢汉与媒介生态学》，胡菊兰译，开封：河南大学出版社2016年版，第59—69、151页。

乐化、表演化。人们乐此不疲、周而复始地在选秀节目中表演跳舞、歌唱或是其他才艺；在微博、微信等媒介上晒自己的图像或心情。秀的、演的、唱的、跳的、刷的都是存在——秀存在、刷存在、唱存在、晒存在成为一种主流生活方式。手机自拍杆高高举起的不仅是"媒介技术"，而且是象征人类存在感缺失的"旗帜"。被媒介技术淹没的人类自我，又被人们以使用媒介的方式，无奈地论证着、找寻着。人类和媒介技术之间，"被弃于一种无法解决的两难困境和一种没有依靠且无定形的感情的孤独，上演了相依的和睦。""相依的和睦总是存在于未来，而不是其他的地方。"[1]

其次，"无中心"和"无量化"的信息"提取"，强化了一种诡异的关系。

在现实生活中，信息流动和信息控制机制之间的关系是诡异的。人们发明了大量的媒介技术来促进信息的流动，同时在采用信息控制机制来阻止这种流动。当信息量越来越大、难以控制的时候，人们会再发明用于控制的新技术。人们对"新技术带来幸福"这种信仰的忠诚，导致对新技术的渴望似乎是无休止的。然后，新的控制机制又会增加传播的信息量，强化它与信息流动之间的诡异关系。这种诡异关系导致的后果，可能正是波斯曼强调的：当信息供应彻底失控，人们精神上的平静将全面崩溃。失去了对信息控制的防线后，人们将无法在生活体验中找到意义，将失去记忆的能力，同时，也难以想象出合理的未来。[2]

---

[1] 〔英〕齐格蒙·鲍曼：《生活在碎片之中——论后现代道德》，郁建兴、周俊、周莹译，上海：学林出版社 2002 年版，第 73 页。

[2] 参见〔美〕Neil Postman：《技术垄断——文明向技术投降》，蔡金栋、梁薇译，北京：机械工业出版社 2013 年版，第 66 页。

"希腊文化中有一句格言,叫作'勿过'(nothing in excess)。"① "信息匮乏的确会带来苦难,但我们现在也逐渐发现——信息爆炸、毫无意义的信息以及缺失管理控制的信息,同样会给我们的文明带来痛苦和悲伤。"② 柯日布斯基最喜欢说的一句话是:"地图非疆域。"地图是对疆域的一种描述,但与疆域又有区别。地图与疆域相比,必然是既不完整也不准确的。③ 媒介描绘出的图景只是现实的拟像和仿真,而不断地制造过于分散的、大量的"仿真图景"是危险的。在新媒介环境中生存的人类,必须高度警惕和深刻反思信息"提取"的"无中心""无量化"问题。

第二节 新媒介环境中权力状况的变化

人类社会的发展总是处于这样一种状态:正当我们认为已经了解和控制了现实的时候,现实又在发生变化,"在书籍时代,语言的控制总是私人的事情,但在电子时代,语言的控制变成了公共性和口语式的。互联网时代到来后,我们就有了互联网这一首要媒介,它既是口语的又是书面的,既是私人的又是公共的,既是个人的又是集体的"④。相应地,语言控制情况的改变,导致了人类权力状况的改变。

---

① 〔加〕哈罗德·英尼斯:《传播的偏向》,何道宽译,北京:中国人民大学出版社2003年版,第118页。

② 〔美〕Neil Postman:《技术垄断——文明向技术投降》,蔡金栋、梁薇译,北京:机械工业出版社2013年版,第64页。

③ 参见〔美〕兰斯·斯特拉特:《麦克卢汉与媒介生态学》,胡菊兰译,开封:河南大学出版社2016年版,第61页。

④ 〔加〕德里克·德克霍夫:《文化的肌肤:半个世纪的技术变革和文化变迁(第二版)》,何道宽译,北京:中国大百科全书出版社2020年版,第428页。

一、传播"愤怒"促使世界透明

"权力"的英文是"power"。在西方国家的语言中,这个词汇与力量、强力是等价的,指的是一个人或群体反复地把他或它的意志强加于他人的能力。权力具有如下特点:首先,权力是强制性的力量,具有支配性。权力发挥作用的时候,没有对立的力量和其他阻力可以阻止它。其次,权力关系之间是不平等的。既然权力具有强制性、支配性,自然是不平等的。与此相对,权利并不是一种强制能力,不体现支配关系。权利是大自然赋予的,是天生的,不能被任何人剥夺。一个国家的每个合法、守法的公民都享有同等的权利,却拥有不一样的权力。① 互联网能够赋予人们的是权力,而不是权利。

人们享有话语权这种权利,而互联网的出现,使这种权利获得了新的实现方式。以微博为例。从 2007 年 5 月"饭否"微博上线②,到之后新浪、腾讯、搜狐、网易、凤凰等门户网站全面开展微博运营业务,在中国,微博曾进入井喷式快速发展阶段。人们能感受到如空气一般无所不在的微博渗透力,微博帮助互联网打通了"经脉",短小精悍的微博以强大的融合力、传播力和动员力成为一股不可忽视的"微力量"。③ 又如短视频,2020 年年初,抖音的海外版——"TikTok"已经名声大噪,目前已进入 150 个国家和地区,月活跃海外用户为 3 亿左右。④ 互联网作为神经系

---

① 参见赵磊、单丽莎:《权力、权利异同论》,《社会科学研究》1991 年第 4 期,第 99—101 页。

② 饭否网是中国第一家提供微博服务的网站。

③ 参见赵煜:《微博:电视媒体的发展机遇和营销空间》,《新闻战线》2011 年第 9 期,第 11 页。

④ 参见宋谊青:《抖音 VS 快手 谁更胜一筹?》,《中国品牌》2020 年第 2 期,第 59 页。

统，打通的是全球的经脉。麦克卢汉说媒介是人的延伸，在新媒介环境中，人的意识被延伸入网络，参与世界同步一体化的过程中。

在新媒介环境中，人们通过网络表达想法。网络使各种观点和情绪跨越地理、社会和意识形态的界限，广泛传播。社交网络中的信息多半是带有情绪的。人们通过网络表达和分享气愤、快乐、讽刺，情绪和情感成为人类数字形象和人格形象存活的基础。如果没有情绪，似乎社交媒体世界就要崩溃。值得注意的一点是，有研究表明，愤怒的传播速度大于欢乐的传播速度。互联网技术能帮助生成和传播"愤怒"，而愤怒有一种引发病毒式传播的力量，它的传播可以使地方和全球范围内应该受到谴责的行为暴露在众目睽睽之下。过去，这样的行为往往被审查制度淹没了，公众不会知情，是互联网的传播使世界变得透明了。[1]

在旧媒介环境中，一些可怕的事情虽然也会发生，但由于没有像互联网这样的表达和互动渠道，它们往往是事后才被知晓，或者根本不被知晓。由于未被传播，或者传播延迟，人们的情感反应也相应地被削弱了。与此相对，在新媒介环境中，如果有负面的事情发生，往往不出几分钟，互联网上的网民就已陷入愤怒的情感。事实是，在全球透明的网络世界里，即使是在网络上看见突尼斯青年自焚以抗议腐败的政权，埃及的青年也觉得应该采取行动。[2]

只有在人与人的互动和交往中，权力的运作才得以显现。互联网赋权涉及两个方面——过程和结果。互联网赋权是一个动态流动的过程和结果：个体通过使用互联网提供的机会进行表达，再通过互动，使权力得到

---

[1] 参见〔加〕德里克·德克霍夫：《文化的肌肤：半个世纪的技术变革和文化变迁（第二版）》，何道宽译，北京：中国大百科全书出版社 2020 年版，第 448—450 页。

[2] 同上书，第 450 页。

新媒介技术对新闻传播和舆论场的影响（中国传媒大学唐远清）

提升。这意味着,"大众个体"(mass individuals)已经在新媒介环境中出现,"大众政治行动主义者"(mass political activists)作为新阶层也登上了政治舞台。"大众个体"和"大众政治行动主义者"指的都是在网络上发出声音的集体。"个体"通过在网络上的合作,形成了集体。他们不再是"沉默的大多数",不再把表达的权利让给以前擅长发出"声音"的群体。他们对当下发生的很多事情做出一致的反应,形成了新群体。这个新群体通过在互联网上的表达和互动,有时能够对公共政策产生强制性的、支配性的影响。互联网技术使得一种迹象十分明显,这就是全球性的要求政治正确的迹象。①

二、"代理转移"导致放弃权力

看起来,互联网的赋权力度之大,前所未有,令人瞩目。与此同时,另一个问题虽然是潜在的,却很关键:互联网对人类的权力状况有负面影响吗?

答案是肯定的——互联网并不完全有助于人类实现权力的增长。在波斯曼看来,电脑强化了官僚机构的地位,也压制了重大社会改革的动力。电脑可以作为抽象的"代理",代替官僚制度内的工作人员承担责任,并受到官僚制度的欢迎。电脑之所以能够成为抽象的"代理",源于一种叫作"代理转移"(agent shift)的思维方式。这是说,当事人应该对某一事件的结果负责,但他将责任从自身转移到了更为抽象的代理身上。这种现象意味着人们放弃了本来可能会行使的控制权力。例如,当银行里的工作

---

① 参见〔加〕德里克·德克霍夫:《文化的肌肤:半个世纪的技术变革和文化变迁(第二版)》,何道宽译,北京:中国大百科全书出版社2020年版,第450、451页。

人员告诉你，因为电脑系统瘫痪了，所以今天不能帮你查询信息和办理业务了，他的话语中隐含的意思就是——银行里的所有人都没有任何责任，这完全是媒介技术的问题。电脑能使人们产生错觉，认为某些决定和结果并不是工作人员能控制的。从表面上看，电脑不但有超强的智能，而且不偏不倚，所以它拥有一种近似于魔法的力量，能够让人们将注意力从负责具体事务的工作人员身上，转移到电脑本身。电脑在很大程度上能够成为人类可以依赖的"代理"，隐藏的含义是人类对自己的判断力缺乏信心。从电脑中得出的结果似乎都是权威的、真实的。没有人再要求电脑披露它对人类的判断来自何方，好像只要电脑做出了判断，就已经足够了，至于是谁录入了数据，以何种目的录入了数据，为了谁的便利，这样的问题已经不重要了。①

在管理工作中，媒介技术往往都能发挥"代理转移"的作用。例如，在使用广播发布村委会通知的村庄，如果广播坏了，影响了通知的及时发布，村委会可以将责任推到广播身上。参与管理事务程度越深的媒介，越能发挥"代理转移"的作用。相比传统媒介，如今，电脑参与管理的程度是最深的。如果哪个机构没有使用电脑进行管理，似乎这个机构就是落后的、不负责任的。然而，人们很难意识到，电脑常常在扮演"骗子"的角色——只要把电脑搬出来做挡箭牌，工作人员就不会被问责。于是，"电脑系统有问题"这种常见的解释，堂而皇之地成为掩饰不良制度和想法的遮羞布。

"事实上，计算机使笛卡儿将世界数学化的梦想变为可能。有了计算机，就能轻松地将事实转化为数据，将问题转换成公式。这虽然十分有用……但

---

① 参见〔美〕Neil Postman：《技术垄断——文明向技术投降》，蔡金栋、梁薇译，北京：机械工业出版社2013年版，第104—108页。

如果毫无区别地运用在人类事务中……是危险的。"① 我们认可新媒介有改变人类权力状况的能力，但是，我们不能过多地寄希望于媒介技术。媒介技术的历史也说明了这一点。"新媒介"是个相对的概念，每一种媒介在产生的初期，都是作为所处历史阶段的"新媒介"存在的，人们都为它已经或者可能给社会生活带来的变化欢呼过。然而，从对人类权力状况的影响来看，到目前为止，没有一种媒介技术的作用是完全正面的。毕竟，没有一种媒介技术能像发明者期待的那样，是万能的、完美的。面对媒介技术赋权的能力，我们要站在历史和时代的高度，保持冷静、客观的分析立场，关注媒介技术的"幕后"功能。只有这样，我们才有可能得出比较科学的结论。

---

① 〔美〕Neil Postman：《技术垄断——文明向技术投降》，蔡金栋、梁薇译，北京：机械工业出版社2013年版，第109页。

第八章 媒介环境学观照下的媒介未来发展

第一节 广播、电视和书籍的命运与未来发展

当今媒介世界的现实是：诸路人马拼杀激烈，旧媒介、新媒介和新新媒介[①]混战、竞争。广播、电视和书籍都面临着生存的挑战，关于"未来向何处去"这一问题需要理论指引。在2013年6月14日召开的第二届全国新闻专业期刊总编辑会议上，有专家就此类问题指出，媒介的发展要"坚持问题意识，寻求理论阐释"[②]。

媒介环境学学者莱文森的理论为广播、电视和书籍的未来发展提供了理论指导。之所以用莱文森的理论做指导，有三点层层递进的原因：

第一，若在传播学学术资源中探寻媒介发展规律，媒介环境学理论可

[①] 新新媒介的提法源自保罗·莱文森的当代媒介三分说：媒介分为旧媒介、新媒介、新新媒介。旧媒介指互联网诞生之前的一切媒介，如广播、电视、书籍等；新媒介是指互联网上的第一代媒介，其特征是：人们可以在方便的时候去使用，如电子邮件、聊天室等；新新媒介指互联网上的第二代媒介，例如优视网、维基网、推特网等，其特征主要有：消费者即生产者、没有自上而下的控制等。

[②] 刘鹏：《架起沟通实践与理论的桥梁——新闻记者的实践与思考》，《新闻战线》2013年第7期，第8页。

提供支持。传播学有三大学派：北美主流经验学派、批判学派（以法兰克福学派、传播政治经济学派和文化研究学派等为代表）和媒介环境学派。三大学派中，只有媒介环境学派的研究重点指向了媒介本身的发展进化规律，其他学派重点指向的是媒介生产的内容，重视的是媒介内容的生存、发展规律。

第二，在媒介环境学派诸学者中，就广播、电视和书籍的命运及其未来发展而言，莱文森的思想能提供较多的理论支持。

媒介环境学代表人物的研究各有侧重方向："生态思想家"格迪斯开启了人类文明与环境相连的视角；"城市规划思想家"芒福德研究的主要是泛媒介，他在写作时即使论述的是电影等媒介，使用的词语也常常是"技术""发明"等；"哲学家""艺术理论家"朗格，研究重点是艺术类的泛媒介，如音乐；"古典学家"哈弗洛克，研究的主要媒介是口语；英尼斯从政治经济学角度出发，研究重点在于分析媒介技术对人类文明的影响；麦克卢汉注重分析媒介技术的特征，以及媒介技术对人类的影响；"历史学家"爱森斯坦，注重研究印刷史以及印刷术对西方文化的作用；波斯曼重视以批判的姿态反思媒介技术带给人类的影响；翁的媒介研究重点指向口语和文字；尼斯特洛姆主要关注媒介环境学学科的基础理论构建；林文刚注重从技术与文化共生的视角分析媒介现象；斯特雷特以柯日布斯基、麦克卢汉等的思想为基础，发展了媒介环境学；艾吕尔主要从社会学等角度反思技术与社会的关系；埃里克在他父亲的研究的基础上，深入发展了媒介环境学。

莱文森在吸收了达尔文、坎贝尔、波普尔等学者的思想的基础上，推陈出新，形成了较为系统的媒介生存进化理论。他思考的重点就是媒介的"生存"和"进化"，他对媒介的命运问题以及未来媒介的发展问题很感兴趣,比如,为什么历史上有的媒介能生存下来,有的媒介却走向了衰落。他曾在多种场合、多部作品中谈到媒介的历史和未来。当然,他也认可在信息革命里预测任何结果都是十分困难的……但是有困难并不代表不可能。莱文森的预测有的已经得到了验证,例如他说:"我在(20世纪)70年代就预见到,有一天,用我们手中的一个小设备,我们能够从世界上任何一个地方得到任何信息,不管我们当时在世界上的哪个角落。"[①]现在,有了 iPhone,我们已经接近这一点了。

第三,最关键的是,关于广播、电视和书籍的未来发展,莱文森的理论具有一种学术"力量",这种力量能够驱散现实中的迷雾。

所以,本节主要以莱文森的理论为依据,分析广播、电视和书籍的未来发展。

一、广播的命运与未来发展

关于媒介的生存、进化,莱文森的总体思想是媒介进化类同生物进化,即生物生存、进化要适应自然生态环境,而媒介生存、进化要适应人类生态环境。莱文森总结了媒介生存、进化的两条主要原理:"小生境原理""人性化趋势原理"。这两条原理水乳交融,互相渗透和支持,形象、有力地论证了广播的发展。

(一)广播:永不消逝的电波

在媒介发展史上,广播的势头曾被电视压倒,现在它又面临新媒介、新新媒介的冲击,但这些都否认不了一个事实:即使在令人眼花缭乱的新

[①] 付晓光、田维钢:《媒介融合的前世、今生和未来:美国著名媒介理论家保罗·莱文森访谈》,《声屏世界》2012年第1期,第26页。

媒介技术的冲击下,广播仍拥有数量可观的听众。2019年上半年,广播用户规模维持在6.8亿人。① 为什么媒介沙场如此战火纷飞,广播仍能生存?莱文森用媒介生存、进化的"小生境原理"回答了这个问题。

莱文森对广播问题的思考来自媒介史上的一个经典案例:默片和广播都曾在20世纪的美国辉煌过,但后来有声片和电视出现了。在同样的媒介技术的压力下,二者的命运截然不同:默片退出了媒介沙场,成为历史和记忆;广播继续生存。对此,莱文森的解释是:在前技术世界里,只用听觉不用视觉在生理上和一般的交流中都很方便。如果你只想听不想看,只需闭上眼睛就可以办到。在前技术世界里,人类习惯于闭上眼睛只用耳朵听。例如,在夜晚准备入睡时,人们会闭目倾听大自然中的蛙语虫鸣,或者听老人讲故事。相反,只用看而不用听的传播模式,在生理层面上是很难维持的。在自然环境中,这样的事情几乎闻所未闻。

此外,在前技术世界里,只用听觉不用视觉对人的生存具有很高的价值,因为每天晚上夜幕必然降临,但绝不会万籁俱寂。从这个角度来审视广播的成功和默片的失败,原因就不言自明了。广播之所以得以存续,因为它接近前技术世界的传播模式;默片死亡,因为它不适应这样的传播模式。②

莱文森认为,这个解释表明了媒介生存、进化的普遍原理:一种媒介的存活系数,与其和前技术世界的人类交流环境的接近程度有直接的关系。这个现象类似于生物进化,即适者生存。在媒介进化的过程中,媒介

---

① 参见梁毓琳、胡洋:《2019年上半年全国广播收听市场分析》,《中国广播》2019年第8期,第42页。

② 参见〔美〕保罗·莱文森:《莱文森精粹》,何道宽编译,北京:中国人民大学出版社2007年版,第33、34页。

回应的环境必然是前技术的环境,或是人们喜欢、渴望再现的真实世界的传播模式。一种媒介对前技术世界做出了令人满意的回应,或者适应了前技术世界的某些特征时,我们就可以说,这个媒介找到了它的"人类"小生境。比如,调幅和调频都存活了下来,是因为它们各自找到了一个可以接受的小生境:调幅单声道存活在复制谈话的环境里,调频立体声存活在用音乐复制一般声音的环境里。媒介进化的"小生境"原理是从广播的存活和发展过程中演绎出来的,它应该也能够解释其他媒介可能的、或生或死的命运。[①]

(二)收音机:可以折叠的配饰

虽然未来广播的传播模式不会变,但作为广播硬件部分的收音机将会发生变化。

莱文森指出,媒介技术的发展分为两个部分:一个是系统(旧称为软件),一个是硬件。

一方面,在莱文森看来,系统(软件)使新新媒介在新媒介之后成为可能,新新媒介靠系统运行。"博客网、维基网、掘客网等都是计算机程序,各自以独特而复杂的方式组织信息。如博文是否容许评论、掘客网的'交友'特征……所有这些新新媒介的特征全部靠软件的特殊代码和设计而成立。"[②]

另一方面,莱文森主张,硬件当然也不可缺少。硬件分为两个部分:一个是系统(软件)必须要寄生于其中的中央计算机,当然使用者看不见

[①] 参见〔美〕保罗·莱文森:《莱文森精粹》,何道宽编译,北京:中国人民大学出版社2007年版,第35页。

[②] 〔美〕保罗·莱文森:《新新媒介》,何道宽译,上海:复旦大学出版社2011年版,第187页。

这部分硬件,只能看见"界面",如微博的界面等;另一个硬件部分能够也必须被使用者看见,即人们手中的设备,如电脑、手机。

对广播而言,它能被使用者看见和拿在手中的硬件部分叫作"收音机"。莱文森的"人性化趋势原理"可用于分析收音机的发展趋势:

首先,收音机在不断向符合人性需要的方向发展。莱文森的博士论文《人类历程回放:媒介进化论》和著作《软边缘:信息革命的历史与未来》都对"人性化趋势原理"做了阐释:植物趋向太阳生长,而媒介的演化就像植物生长一样,趋向于一个方向,也就是符合人性的方向。莱文森发现,在人类一个接一个的媒介技术发明中,媒介的功能越来越人性化,例如电话是使电报更为人性化的新技术。

如"人性化趋势原理"所言,收音机趋向更人性化的发展方向,令人类感觉更加舒适、便利,赋予人类最大程度的自由。仅从外形来看,20世纪80年代的收音机,有的体积比两块砖摞在一起的体积还大,而现在日常生活中常见的收音机已经小巧到如手机一般大小,甚至更小。

其次,收音机适应人性需要的发展,体现为三个方面的融合:(1)和人类的日常用品融合。莱文森指出:"未来的媒介产品将能够折叠起来放进口袋里,但打开之后你根本看不出它曾经折叠过,而且相比之下处理速度会更快。"[①] 未来的收音机可以是因人各异的配饰,如戒指、项链、纽扣、眼镜、发夹,或者挎包上悬挂的卡通小动物饰品。(2)和人类的生命融合。这体现在两方面:第一,和人类的物质身体融合。现在手持硬件技术的未来发展方向之一是无须手持,蓝牙就是这种技术。莱文森还认为,未来的媒介可以是植入大脑的芯片。所以,未来的收音机也可能是植入人

---

① 付晓光、田维钢:《媒介融合的前世、今生和未来:美国著名媒介理论家保罗·莱文森访谈》,《声屏世界》2012年第1期,第27页。

体某部分的一个非常小的物体。第二,和人类声音、思想的智能融合。媒介技术发展到今天,人类已经制造出用声音和手势控制的智能电视。未来的媒介将不只是人类外在器官的延伸,而且能实现对人类思维、智能的延伸,大脑可以不经过耳朵这个器官,直接接收媒介信号:植入大脑的芯片可以生产出之前只能靠媒介生产的东西,大脑可以直接接受广播的语言,不再需要耳朵先对语言进行加工。(3)和其他媒介的硬件融合共存,如与手机、电脑的融合。未来,基于人类的需要,在传播模式不变的基础上,收音机可以和其他多种媒介的硬件实现自由的融合。

二、电视的命运与未来发展

在媒介进化的道路上群英荟萃,媒介的兴衰此起彼伏,硝烟弥漫,号角鼓鸣。细思量,媒介沙场的金戈铁马,风云变幻,所求无非"生存"二字,所避无非"消亡"二字。古往今来,媒介的胜败存亡从未停止过,即使某种媒介曾悍勇强势、如日中天,也可能难免一败涂地的命运。所以,一旦有新的媒介技术出现,且发展态势强劲,人们就会担心其他相对而言已是旧媒介的命运。例如,相对于现在的新媒介互联网和手机,电视作为传统媒介的命运已让很多人担忧。

面临新媒体带来的生存压力,传播学业界和学界一直有"电视未来可能消亡"的观点。莱文森关于媒介生存进化的"人类即环境"和推测媒介存活前景的"两种特征"理论,为探寻电视的未来发展趋势提供了指导。

守正创新视域中的媒介技术与专业精神(光明日报社刘昆)

(一)电视能适应"人类"环境

在 20 世纪 70 年代写作博士论文的时候,莱文森就思考了达尔文关于生命进化的自然选择论，形成了关于媒介的进化和生存的"人类即环境"理论。他认为，媒介进化不取决于任何别的因素——复杂程度、技术含量、轻重美丑，[①]只取决于作为"环境"的人类的自然选择，适者生存的媒介就是适应人类需要的媒介。

"人类即环境"理论主要包括两个方面的内容，也可以说是建立在对人类的认识的两个基础上：首先，人类是生产新媒介技术"有机体"的发生器；其次，人类是媒介技术"有机体"生存的外部"环境"。[②]第一点的含义是，媒介技术作为"有机体"是有生命的，同时，有生命的媒介技术是人类创造的。第二点的含义是，媒介技术就像自然界的生物有机体一样，要适应环境才能生存。对于自然界的生物有机体而言，外部环境包括空气、高山、水，当然也包括人类以及人类创造物形成的环境。然而，对于媒介技术这种生命而言，它生存的外部环境就是"人类"。所以，媒介技术的生存进化完全由作为"环境"的"人类"来决定，即某一种媒介在人类社会中的命运是去是留，是惨淡还是辉煌，都由人类选择、决定。

那么，人类选择某种媒介的依据是什么？这个问题的答案就是前文所述的"小生境原理"。电视的动态声画二维传播模式无疑是契合前技术世界的传播模式的，因为在用眼睛看画面的同时，还用耳朵听声音，这对正常的自然人而言，是生活常态。电视找到了它的"人类"小生境，顺利地存活下来。

[①] 参见李明伟：《知媒者生存：媒介环境学纵论》，北京：北京大学出版社2010年版，第156页。

[②] 参见〔美〕保罗·莱文森：《莱文森精粹》，何道宽编译，北京：中国人民大学出版社2007年版，第268页。

（二）电视的固有特征不变

莱文森认为，如果要推测一种媒介的存活前景，我们就有必要区分它的两种特征：固有的、不能压缩的特征，以及短暂的、如过眼云烟的特征。他认为，任何媒介都有这两种特征。第一种特征是该媒介的基本属性，一旦发生变化，无论使用什么名称，它都已经是一种新装置了。第二种特征是可以改变的，或者是可以想象的，而且即使发生了改变，该媒介也不会伤筋动骨。莱文森以马车为比喻说明，换上新车轮的马车还是马车，即使再换上品种优良的马，也依然是马车。而不用马拉、用内燃机驱动车轮的装置就再也不可能是马车了，它已经是汽车了。[①] 思考电视的前景时，也可关注这两种特征。

有观点认为，在互联网等的冲击下，人们曾经熟悉的"电视"已经悄然发生了改变。在网上看电视改变了传统意义上电视的线性传播特征，电视不再是电视了。也有观点认为，网络给电视带来的由线性到非线性、由同步到异步的改变，只是电视形式的改变，并没有改变电视的基本属性，电视的固有特征没有改变。

上述争论的焦点在于，不具有"线性传播"特征的电视，还是不是电视。何为电视的固有特征？何为电视的短暂特征？

电视是否线性传播、受众接收电视节目的时间是由自己选择还是只能被动等待节目播出，都是电视的短暂特征，没有人会因为收看的是不再需要按时等待的电视节目，而否认自己是在看电视。关于这一点，为界定网络电视提供了佐证。在网络电视的通用定义中，用户不仅能收看一般意义

[①] 参见〔美〕保罗·莱文森：《莱文森精粹》，何道宽编译，北京：中国人民大学出版社2007年版，第269页。

上的电视节目，还可以进行视频点播（VOD）、直播、录播等。[①] 可见，具有互动特征的网络电视仍是电视。"线性传播"这一电视的暂时的、过眼云烟性质的特征在新媒体出现后，吸收了新媒体的能量，进化为非线性传播。

然而，声画二维的动态传播特征是电视固有的、不能改变的特征，因为它一旦发生改变，电视就变成另外一种媒介了。人们在互联网、手机上收看电视节目，就像是马车的木质轮子换成了橡胶轮子一样，并不能令电视伤筋动骨，面目全非。互联网是一种当之无愧的融合媒介，如莱文森所说具有多元性。它就像一个有吸引力的盆子——吸进去的媒介越多，它发挥的力量也就越大。[②] 但是，它并不能改变被它吸入的其他媒介的基本属性。

三、书籍的命运与未来发展

书籍在人类社会中发挥着重要的作用，享有崇高的地位。珍之、重之，才会惜之、思之。当新媒介的浪潮汹涌而至，面对互联网、手机成为人类新宠的现实，人们自然会担心书籍的命运。

在没有特别说明的情况下，人们担心的是纸质书籍的命运。随着媒介技术的进步，书籍已经有了纸质书、电子书和DNA书等多种形式。电子书因为载体不同，又可分为专门用来阅读的电子书，以及可用手机、电脑等在线或下载阅读的书；DNA书则是媒介技术与生物技术结合的产物，虽已

[①] 参见于海婷：《网络电视不是传统电视的终结者》，《商业文化（学术版）》2007年第8期，第244页。

[②] 参见〔美〕保罗·莱文森：《莱文森精粹》，何道宽编译，北京：中国人民大学出版社2007年版，第181页。

试验成功，但尚未走入大众的日常生活，人们对它尚不熟悉。在新技术带来的重重压力下，人们想了解阅读的未来会是什么样，纸质书会不会被取代。① 莱文森的思想为此提供了理论依据。

(一) 纸质书未来仍将存活

莱文森指出，媒介生存、进化的一条最基本的原理是，一种媒介能在多大程度上存活，取决于它完成下列任务的程度：其一，对人类具有尽可能大的意义；其二，承担其他媒介不能承担的任务，或不能完全胜任的任务。② 这就是"完成任务的程度决定了存活程度"原理。所以，只要考察其他形式的书能否完全胜任纸质书的任务，就可确定纸质书的未来命运。

1. 三种书籍与语词的关系不同

书籍承载的传播内容是语词，也可以说语词是思想的媒介，思想以语词的方式表现为书籍所传播的内容。但是，三种书籍与语词的关系并不一样。纸质书的语词是钉死在书页上的，而电子书和 DNA 书的语词是流动的。这种区别又进一步作用于读者，带来不同的传播效果。

纸质书的语词是固定在纸张上的。所以，阅读纸质书的时候，人类不会有失去物质场所的感觉。每当我们的头脑想进入这个物质场所的时候，纸质书都使我们有回归之地、栖息之所。纸质书给人的这种感觉被莱文森比喻为：像太阳必然升起一样可靠。③

---

① 参见郭大路：《李国庆：电子书不会取代纸书》，《21世纪经济报道》2014年1月24日，第17版。

② 参见〔美〕保罗·莱文森：《莱文森精粹》，何道宽编译，北京：中国人民大学出版社2007年版，第268页。

③ 同上书，第274页。

"物质场所感"是纸质书能带来的特有的传播效果,电子书和 DNA 书的传播效果则截然不同:一般情况下,人们在阅读电子书的时候,对显示屏背后的运作程序会产生摸不着、理不清、悬空似的不踏实感,同时还要担心病毒等问题造成的让人始料不及的后果。所以,莱文森说,网上"冲浪"这一说法的快速流行,可能与人类失去了物质场所的感觉有关。一旦使用电脑,一旦上网,我们很快会有失去物质场所的感觉,失去"根子"的感觉。①

纸质书能给人提供可靠的感觉,也是它自诞生以来,就能够在人类文化中扮演思想和场所的完美结合物的原因所在。除非有火灾、水患等不可抗力出现,否则在日常情况下,纸质书突然被损毁的可能性不大。然而,在同等条件下,围绕电子书产生的安全问题可能就多得多。一个常见的危险因素就是病毒。如果一个人将资料置于电脑中或电子书中储存,会很自然地担心病毒问题。有研究者设想:如果将人类所有的文化成果都储存在网络上,纸质书籍不再存在,万一网络出了问题,例如遭遇了"黑客"的攻击,人类文明难道又得从零开始?这是不可思议的事情。② 在这种担心的驱动下,人们会将资料存储在 U 盘等移动设备中。但是,即便做了备份的工作,人们还是会担心资料丢失和被损毁:移动设备如果遭遇了病毒怎么办?人们产生这种担心,一方面是因为数字技术本身带有天然的缺陷,另一方面是因为数字技术无法带来"物质场所感"。从这个角度出发,莱文森指出,纸质书及其纸媒亲属的有用性大大超过了电脑显示屏和它上面不

---

① 参见〔美〕保罗·莱文森:《莱文森精粹》,何道宽编译,北京:中国人民大学出版社 2007 年版,第 274 页。

② 参见李伟明:《发展网络媒体与拓展纸质载体并重——对欠发达地区报业发展的思考》,《青年记者》2008 年第 15 期,第 41 页。

断变化的字母。①

生物技术领域 DNA 搭配的稳定性给了研究人员制造 DNA 书的灵感。研究人员将数字技术与生物技术结合起来，利用计算机二进制数字与四种碱基进行转化编码、编程，把电子书中经过编码的所有文字、图像等再编码进 DNA，制作成 DNA 书。阅读时，利用技术手段把 DNA 密码还原为数字编码②，即可解码阅读。

从 DNA 书的制作原理可见，作为依赖电子技术的媒介，它和电子书一样，与语词的关系是流动的。DNA 书的语词流动的领域比电子书更广，已经从狭义的媒介技术领域，转向生物技术领域的流动。为了让语词得以显示，不仅需要运用数字技术，还需要生物技术的支持，因为它还要完成一个生物技术上的碱基转换编码过程。结果是，数字技术和生物技术共同导致了物质场所感的缺失，让人感受到程度更深的不踏实感。由于涉及更多的科学领域，DNA 书有可能面对的安全问题就比电子书更多。在传播效果方面，出于对安全性的担心，人们会像对待电子书一样，不停地备份，再备份。

2. 三种书籍与电光的关系不同

通过回顾历史，莱文森发现，一项表面上可行的新技术，如果没能发展起来，一般都是因为缺乏某种前提条件。某种形式的光（电光）是一切视觉媒介得以成功表达的前提条件。然而，遗憾的是，很少有研究涉及视觉媒介和电光之间隐含的依赖关系，及其在科学技术中所起的作用。对此，麦克卢汉的观点是："电光是一种纯粹的信息"，内容则是它所照亮的

---

① 参见〔美〕保罗·莱文森：《莱文森精粹》，何道宽编译，北京：中国人民大学出版社 2007 年版，第 274 页。

② 参见张田勘：《DNA 图书向我们走来》，《发现》2014 年第 4 期，第 38 页。

所有的东西。所有通过刺激视觉神经进行信息传递的媒介都需要前提条件，而光能是前提条件中的一种。①

莱文森总结认为，媒介史上纸质书的发展，与19世纪末电的发明和普及有很大关系。因此，莱文森将电比喻为书籍最好的朋友，认为19世纪的纸质书因为电光的照耀而愈发熠熠生辉了。显然，纸质书对电光的依赖性比电子书弱。只要太阳光充足，纸质书就不需要电光了。可是，无论何时，电子书都需要电能才能工作。首先，对于主要目的是用于阅读的电子书而言，对电光的需要会因屏幕技术的不同而有区别。采用 E-Ink 电子墨水屏幕的电子书，不需要让屏幕发光（这种电子书由于没有背光源，屏幕显示效果与大家常用的液晶显示器有区别，且无法在光线较暗的环境中使用）②；而采用其他材料，如 LCD 液晶屏幕、新兴 AMOLED 屏幕的电子书，需要电光让屏幕工作，以显示出文字供读者阅读。其次，以电脑、手机等媒介为载体阅读的电子书也需要电光照亮屏幕。所以，即使阳光充足，电子书依然需要电光使自己存在，"活"起来。在这一点上，纸质书比电子书更占优势。

前文讲过，莱文森的"人性化趋势原理"认为：如同植物具有趋光性，媒介技术也有自己要趋向的"光"——人性。方便性是契合人性需要的，因而与人类对媒介的选择息息相关。电子书对电光较强的依赖性有时会让人感觉不便。例如，在阅读电子书的时候，如果突然没电了，人们就要停止正在进行的媒介使用活动，转而寻找电源充电。设想一下，如果未

---

① 参见〔美〕保罗·利文森：《软边缘：信息革命的历史与未来》，熊澄宇等译，北京：清华大学出版社 2002 年版，第 70 页。

② 王越：《显示器基础百问：电子书屏幕有何不同》，http://lcd.zol.com.cn/272/2729729_all.html，2012年2月11日，访问时间：2020年4月10日。

来在中小学课堂上，电子书得到广泛使用，而总会有个别学生的电子书在使用过程中没电了，那么一个可能的结果会是：你方充罢我来充，课堂秩序变得混乱。从这个角度看，纸质书的"格式"和人类的智能一样持久，是"自带电池"的。除非有一天，电子书拥有了一个稳定而普适的代码，借助太阳能就能运行①，否则，只要电光是媒介生存的前提条件，电子书就永远不可能比纸质书更占优势。

至于 DNA 书，其本质是电子书和生物技术的结合。这意味着在对电光的依赖性方面，它和电子书有相似之处。因此，在视觉媒介得以生存的前提条件方面，它也不比纸质书有优势。

3. 三种书籍储存信息的能力不同

在储存的信息量大小方面，纸质书能储存的信息量有限。在储存信息的时间长度方面，在没有灾患等外力损毁的正常情况下，纸质书可保存几百年，如维也纳的列支敦士登花园宫藏书室存有从 15 世纪到 19 世纪的图书。② 在特殊条件下，纸质书的保存时间可达千年之久，如一张被考古学家认为"奇迹般地"保存完好、绘制在一张中国纸卷上的敦煌星图。该图被发现于一个藏经洞中，这个藏经洞大约在公元 1000 年时被封存用于保存世界上最早的印刷品等。分析认为，奇迹产生的部分原因在于敦煌干燥的沙漠气候提供了天然优越的保存条件。③

电子书能储存的信息量超过纸质书。至于电子书储存信息的时间长

---

① 参见〔美〕保罗·莱文森：《莱文森精粹》，何道宽编译，北京：中国人民大学出版社 2007 年版，第 274 页。

② 参见钟和晏：《遇见阿尔卑斯小国列支敦士登》，《三联生活周刊》2014 年第 8 期，第 132 页。

③ 参见让-马克·博奈-比多、弗朗索瓦丝·普热得瑞、魏泓：《敦煌中国星空：综合研究迄今发现最古老的星图（上）》，黄丽平译，邓文宽审校，《敦煌研究》2010 年第 2 期，第 43 页。

度，还没有储存时间长达百年的例证。作为互联网前身的美国国防部高级研究计划局计算机网络阿帕网（ARPANET）1969年才组建[①]；1971年，迈克尔·哈特（Michael S. Hart）把一些书放在网站上供人阅读，第一次使纸质书成规模地转为电子书；1981年，世界上第一本可用于商业目的的电子书 The Random House Electronic Thesaurus 诞生。[②] 储存于移动设备中的电子书，如果没有灾患等外力的损毁，保存时间应该不短于纸质书，试想，如果将电子书储存于个人电子邮件中，只要电子邮箱还能使用，登录地址和密码也能被世代传承，理论上电子书可以永远存于其中。

在储存信息方面，DNA书有两点优势和一点劣势。优势是：其一，容量极大，几乎可达无限。其二，保存时间长。DNA图书可以保存上百万年。根据DNA的半衰期推断，如果在-5℃的最理想条件下保存，DNA的4个碱基可以保存680万年。劣势是：储存信息的过程烦琐。我们以世界上第一本DNA书的信息储存过程为例。美国《科学》杂志2012年9月的一篇文章称，哈佛大学的乔治·丘奇（George Church）等人编码出一本叫作《再生》的DNA书。用于编码和储存信息的是一滴DNA液滴。当《再生》的全部信息被编码到DNA中后，DNA液滴被放置到微阵列芯片上储存。这些芯片在4℃的条件下被保存了3个月。如果想准确无误地阅读《再生》的内容，后续要完成溶解和测序的过程。[③]

表8.1比较了三种形式的书籍的特点。

[①] 参见〔美〕曼纽尔·卡斯特：《网络星河：对互联网、商业和社会的反思》，郑波、武炜译，北京：社会科学文献出版社2007年版，第10页。

[②] 参见李响：《步入移动电子阅读时代——试论电子书发展趋势问题》，北京师范大学硕士学位论文，2005年，第8、9页。

[③] 参见张田勘：《DNA图书向我们走来》，《发现》2014年第4期，第39页。

表 8.1 纸质书、电子书和 DNA 书的比较

比较项	对电光的依赖性	传播内容方面与语词的关系	传播效果方面给人类感觉的可靠性	传播内容储存的客观安全性	媒介本身的外观	信息保存时间	承载信息量
纸质书籍	日光充足时，完全不需要依赖电光。依赖电光性弱	语词钉死在书页上	给人类以安稳的物质场所的感觉	有遇水、火等外力丢失损毁的可能性	可见、常见的书籍开本	没有灾患等外力损毁的正常情况下，理论上可保存几百年	有限
电子书籍	日光充足时，有的显示屏需要电光，有的显示屏不需要电光，需要电光工作。依赖性较强	语词与书页的关系是流动的	给人类失去物质场所的感觉	除了水、火等外力丢失损毁的可能性外，还可能因自身技术原因丢失损毁的可能性	以数字形式消失在设备中，移动设备可如笔帽般大小	没有灾患等外力损毁的正常情况下，理论上保存时间不短于纸质书	较大，但有空间方面的上限限制
DNA 书	日光充足时，仍需要电光来运作。依赖性强	语词与书页的关系是流动的，而且流动领域更广	给人类失去物质场所的感觉	来自自身媒介技术和生物技术的原因都可能导致丢失损毁	可以消失在 DNA 中，合成的 DNA 可如砂粒般大小	在理想状态下保存，寿命可长达 680 万年	大到几乎无限

169

综上所述，电子书和 DNA 书并不能完成纸质书承担的任务，它们对人类的意义也不能超越纸质书对人类的意义。此外，纸质书在某些方面仍占有难以超越的优势。因此，电子书和 DNA 书在未来都不能完全取代纸质书的位置，纸质书会继续存活。

(二) 三种书籍未来都有生存空间

作为人类思想结晶的知识的增长类似于自然选择过程的结果。① 莱文森谈到，虽然思想会很快独立于创造者，但人类仍会保留根据自己的观察而去修正它的能力。② 人类对待媒介技术如同对待思想一样，都有一个在使用中对它们进行修正和补救，使它们不断平衡人类感觉、得以进化的过程。在媒介平衡人类感觉的过程中，存在一个人类感觉的"即时/永远"轴线，它是衡量各种媒介特性的标志，也对各种媒介起平衡作用。

"即时/永远"轴线有一个中间点，中间点的两边分别是代表具有"即时"传播特性和"永远"传播特性的媒介。例如，对大众而言，收音机和电视机在发明之初是即时媒介，它们传播的内容在大众听过、看过之后就消失了。所以，莱文森指出，看电视或听收音机的时候，我们越来越沉湎于现在——相比之下，甚至是浏览一份报纸，也会使我们回过头去看看前面一页——这已经成为对电子时代进行批评的中心。电视的"即时性"适合作为一种洗脑的手段……一种剥夺感觉的形式，导致迷惑和混乱。③ 后来，人们为了解决这个问题，以实现轴线的平衡，以光碟、MP3、MP4、录像机及互联网等媒介来弥补传播内容稍纵即逝的缺憾，便于人们在想取

---

① 参见杨瑞丽:《保罗·莱文森媒介进化论探析》，兰州大学硕士学位论文，2012 年，第 10 页。
② 参见〔美〕保罗·利文森:《软边缘:信息革命的历史与未来》，熊澄宇等译，北京:清华大学出版社 2002 年版，第 105 页。
③ 同上书，第 107 页。

用具体媒介内容的时候就取用,进一步满足人们补救的需要。

"即时/永远"轴线同样适用于其他泛媒介意义上的媒介。对人类而言,谈话和思想作为拥有即时传播特性的媒介,在传播活动进行的同时就能让人获得信息。然而,从另一个角度看,这也是一个缺憾。莱文森是这样比喻的,这就好比菜单上只有唯一的选项,总让人有些不满意。① 正是这个"让人不满意"之处给媒介提供了发展的机会,让后来的媒介可以对之前的媒介进行修正,对稍纵即逝的谈话和思想加以补救。

为了让人类的媒介菜单有更丰富的内容,让人更满意,书写被发明出来。书写可以保留传播的内容,因此可以提升轴线"永远"这一边的净水平,保持轴线的平衡。随着媒介技术的不断发展,后来出现的新媒介可以同时位列于轴线的两端,因为它们兼具即时和永远两种传播特性,如互联网和手机。比如,我们用互联网上的QQ聊天工具交流,可以保存聊天记录,也可以不保存。我们用手机通话,可以边通话边录音,也可以不使用录音功能。

上述内容可用图 8.1 表示:

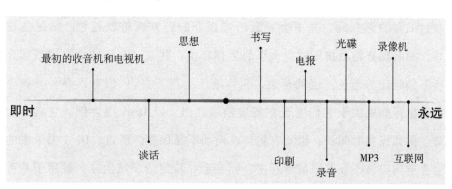

图 8.1 用"即时和永远"轴线表示的媒介菜单

---

① 〔美〕保罗·利文森:《软边缘:信息革命的历史与未来》,熊澄宇等译,北京:清华大学出版社 2002 年版,第 106 页。

在书籍方面,最早出现的纸质书是为了弥补谈话和思想的传播特性方面的缺憾。后来出现的电子书则具有两方面的特性,既可以随时删除,又可以长久保存。DNA 书比较特殊,目前在技术上还做不到被重复使用,所以属于稍纵即逝的媒介。

三种书籍的传播特性可用图 8.2 表示。

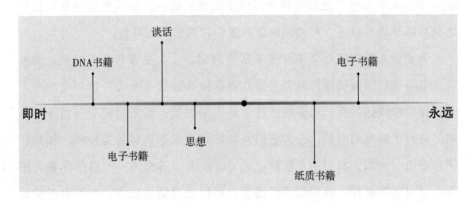

图 8.2　三种书籍的传播特性

莱文森还总结了一条媒介发展的规律:当一种新的媒介在特定的领域胜过旧有的媒介时,并不会导致旧有媒介的即刻衰落和死亡。结果往往是,旧有媒介将被挤压进一个小的生存环境,并在这个环境中扮演新媒介所不能胜任的角色。也就是说,它将继续生存下去。[1] 旧有媒介和新媒介能否生存都取决于它们能否在特定领域胜出。以 DNA 书为例。它具有优势,例如保存时间长;也具有劣势,例如不易保存。所以,DNA 书未来的生存空间应该不在普通读者群中,而是会在特定的领域生存,被用于某种特定目的,例如图书馆馆藏。

---

[1]　参见〔美〕保罗·利文森:《软边缘:信息革命的历史与未来》,熊澄宇等译,北京:清华大学出版社 2002 年版,第 48 页。

第二节 未来媒介的特征

关于未来媒介的特征思考与媒介技术的持续发展和共生,媒介环境学派领军人物莱文森、麦克卢汉和芒福德均有独特、新颖的观点。本节主要探析这三位著名学者的观点。

一、莱文森:彰显人类自由

上文谈到,莱文森提出了当代媒介的三分说,即媒介可分为旧媒介、新媒介以及新新媒介。

莱文森提出一个问题:"新新媒介之后媒介演化的下一个阶段是什么?"他的回答从载体硬件的发展说起:"目前,最大的飞速发展是传递新新媒介的载体硬件的发展。黑莓手机、iPad 平板电脑、iPhone 手机以及各种各样的智能手机不仅能用于会话和收发短信,不仅能收发视频、照片和博客,而且能用来阅读电子书和新闻,实际上,这些硬件设备能把一切新新媒介的内容送至每个人的手掌、眼睛和耳朵。"莱文森还展望了未来媒介的样子:"试想你知道智能手机就在你的身边,却记不起把它搁在哪里了,如果你将其忘家里了,你就可以瞥见未来承载新新媒介的硬件设备可能是什么样子。它将置于你的耳孔或身上其他方便使用的地方。它将是随身携带的蓝牙,就像你嘴巴里的牙齿一样。"[1] 在此,莱文森指出了未来媒介的方便、易于携带的特征。

莱文森始终强调未来媒介的便携特征:一切移动媒介设备下一步的发

---

[1] 〔美〕保罗·莱文森:《新新媒介》,何道宽译,上海:复旦大学出版社 2011 年版,莱文森中文版序,第 1—2 页。

展趋势都是越来越小型、轻巧。他对新新媒介之后的未来媒介有一个畅想：成人大脑是终极的新新媒介。我们的大脑阅读、写作、观看和聆听——能接受并生产新新媒介的一切内容，姑且不论大脑还有思考、感知、相信、做梦、幻想等功能。我们的大脑拥有从事多重任务的功能；未来，这一功能凯歌高奏时，至少我们有些人能够靠植入大脑的数字芯片生产出我们靠新新媒介生产的东西。[①]

除上述莱文森近几年关于新新媒介的观点外，他早期的研究也有关于媒介未来的思考。

如前所述，莱文森的博士论文《人类历程回放：媒介进化论》体现的一个主要观点是媒介演进的人性化趋势：所有媒介终将越来越人性化，它们处理信息的方式愈发像人一样"自然"且优于已有的任何媒介，从而使通信的便利性不断增加。[②] 这个观点窥见了未来媒介的两个特征：一是越来越人性化，适应人性的需要；二是其日益增强的便利性。

未来媒介是越来越人性化、令人类越来越自由的媒介。"自由到极致"是未来媒介的发展方向。"自由到极致"意味着人类的自主性和控制力的挥洒自如。智能、易于携带都意味着人类对极致的自由的追求，这种追求在现实中的体现就是媒介越来越人性化。关于未来媒介人性化的程度，莱文森指出，人类发展了媒介，所以媒介越来越像人类。进而，莱文森认为：媒介会向着人类的功能和形态这一方向发展……随着媒介的进化，每个设备能做的事将会越来越多，直到所有设备都融为一体，就像人脑一

---

① 〔美〕保罗·莱文森：《新新媒介》，何道宽译，上海：复旦大学出版社2011年版，第192页。

② 〔美〕保罗·利文森：《软边缘：信息革命的历史与未来》，熊澄宇等译，北京：清华大学出版社2002年版，原著前言，第X页。

样。它由一两个、三四个进程开始,一直发展,直到所有人类做的事情,媒介也可以做。①

二、麦克卢汉:"神谕"预言未来

在中国,麦克卢汉享有很高的知名度,他于1964年出版的《理解媒介:论人的延伸》已经成为经典。媒介发展史也已经证明,麦克卢汉是互联网世界的先知,20世纪的思想巨人。"今天,他的预言一个个都实现了。他关于'地球村''重新部落化''意识延伸'的论述,无人能出其右。"②

麦克卢汉的研究方法和思路不是平顺、连续的,他的洞见是碎形(fractals)③的。所以,1999年,莱文森撰写《数字麦克卢汉》一书时,特意挑出部分简短的麦克卢汉的"神谕"来阐述其思想,这些语录包括"媒介即讯息""地球村""人人都出书""电子冲浪"等。随后,这本书出版,十年时光匆匆逝去。富有戏剧性的是,当时的莱文森并没有意识到的一个问题,却在十年后顿悟了。

2009年,莱文森在撰写《新新媒介》一书时顿悟:麦克卢汉已经在他的时代提前使用了后来人使用的书写方式,也就是说,麦克卢汉在以自己的书写方式预言未来的媒介!麦克卢汉的格言、暗喻似的书写,其实是在"喻言"数字时代的未来。麦克卢汉"喻言"的就是互联网上的微博和博客!

---

① 参见付晓光、田维钢:《媒介融合的前世、今生和未来:美国著名媒介理论家保罗·莱文森访谈》,《声屏世界》2012年第1期,第26页。
② 何道宽:《媒介即文化——麦克卢汉媒介理论批评》,《现代传播》2000年第6期,第25页。
③ 碎形意味着非连续的、线性的。思想就像马赛克一样呈现,总体包含在每个细小的碎片之中。所以,只要了解单一的碎片,就可以洞见思想光芒之一斑。

莱文森认为，在麦克卢汉写于 20 世纪 60 年代的《谷登堡星汉璀璨》中，每一个章节标题下的题解就是他所写的微博，例如，"精神分裂症也许是书面文化的必然后果"和"新出现的电子相互依存性以地球村的形象重新塑造世界"等。麦克卢汉的重要作品有的简短到只有一两页，这实际上就是博客，是今天大众熟悉的网络书写方式。网络书写方式的特征就是简短化、碎片化。麦克卢汉的互联网写作早在网络交流出现几十年前就已经出现了。莱文森还认为，麦克卢汉的章节标题不仅是微博的预兆，而且预言着什么是最佳的微博。①

除了对互联网书写方式的特征的预言外，麦克卢汉还有其他思想洞见了未来媒介的特征。

麦克卢汉和埃里克共同提出的"媒介四定律"表达了他们对媒介特征的一种概括，即媒介使什么得以提升或强化，使什么得以再现，使什么被逆转变成了其他东西，使什么过时。"媒介四定律"可被总结为"提升、过时、再现和逆转"四个词语。我们可以使用"媒介四定律"来观察和分析媒介进化的进程。原因在于，未来媒介必然是对之前媒介的提升、再现或逆转，并令已有媒介的某一特征过时。今天看来，未来媒介将令现有媒介的传递速度得到提升，再现数据化的"村庄化"生存，使束缚人类自由的媒介过时，使过时的媒介被逆转为某种纪念品。

麦克卢汉的思想糖果店（保罗·莱文森视频，中英文文字稿见附录2）

麦克卢汉的"通感论"指向了未来媒介的另一特征。麦克卢汉认为，人类具有"通感机制"。所谓"通感机制"，指的是人类感官之间的互动，大脑可以把一种感知转换成其他感

---

① 参见〔美〕保罗·莱文森：《新新媒介》，何道宽译，上海：复旦大学出版社 2011 年版，莱文森中文版序，第 7—8 页。

知。例如，人类在阅读的时候，把书面文化的书面符号转变为意识中的其他感知方式。这个转换过程是复杂的，是各种感官之间的互动。意识的理想状态是各种感官之间的平衡。但是，存在于前技术世界中的感官平衡，总是被喜欢发明技术、制造工具的人类打破。这种打破不是彰显在外，而是令人不易觉察地隐含在潜意识中，并在潜意识的层面运作，在潜意识的层面"按摩"人类的感官。然而，遗憾的是，人们意识不到这种延伸的偏向，而误以为被技术包围的环境是"真实"的环境。所以，媒介本身对人的影响比经验学派重视研究的媒介内容对人的影响要大得多。"媒介即讯息"，只不过媒介的影响往往被媒介内容这个处于明面上、容易被人注意到的障眼法遮蔽了。从通感论出发继续推理：人类被已有的媒介技术延伸打破的感官平衡，需要在未来媒介中获得补偿并重新实现平衡。所以，未来媒介的特征之一必然是延伸现有媒介未能延伸的感官。

未来媒介将使人类所有感官得到充分延伸，并延伸至平衡，是"全感知延伸媒介"。这意味着，未来媒介一启动，人类就进入了一个仿造现有真实物质世界（包括人造技术）的"真实"世界，并在其中如在真实世界中一样生存，甚至是比在真实世界中更便捷地生存，头部、胳膊、手、脚、腿和躯干都得到延伸。人的"媒介化身"可以在媒介中仿真生存，生活中的一切都可以在媒介中找寻，可以去海里游泳，去书店买书，去剧院听戏，甚至去医院看病。今天，这种"全感知延伸媒介"已经初露端倪，只是还未普及而且存在某种缺陷。这就是互联网上的"第二人生"[①]。"第

---

① 第二人生（Second Life）网站指的是2003年推出的全球最大的虚拟世界网站，有人认为它是虚拟世界的游戏。"第二人生"的总部是位于美国旧金山的"Linden Lab"。第二人生以大型3D模拟现实，模仿的是人类不用电脑或手机时生活的真实物质世界。其中每人都可以建立自己的媒介化身，并开始自己虚拟的"第二人生"，与同在这个虚拟世界中的其他媒介化身一起从事各种活动。

二人生"的缺点主要在于其尚未达到便携的程度,人类使用起来不够自由。未来媒介必将克服"第二人生"现有的缺点。

根据麦克卢汉的冷热媒介论,未来媒介是冷媒介。麦克卢汉认为:热媒介清晰度高,包含了想要表达的全部信息,使用的人不需要参与其中;冷媒介清晰度低,需要参与、互动去完成对媒介的使用和体验过程。"会话是比较冷的媒介,因为它要求双方全面地参与去完成交流的经验:交谈者用面部表情、身体语言、你来我往进行互动;在有些文化中,交谈者甚至动用触觉和嗅觉去完成交流。"① 在使用冷媒介的过程中,使用的人是参与者。未来媒介要赋予人类最大限度的自由度和参与度,必然是特别冷的媒介。

三、芒福德:遵循生态伦理

在《后工业时代的先知:对技术的诠释》一书中,威廉·昆斯称芒福德为先知。"先知"这个评价体现了芒福德思想的伟大之处:他的技术有机论思想深刻且影响深远,预见了媒介的未来发展。

芒福德的"技术有机论",指的是对人类技术的研究要遵循生态伦理,与自然生命紧密相连。生态伦理是人类处理自身与大自然、技术等环境的关系时要遵循的一系列道德规范,通常是人类在进行与自然生态有关的活动中形成的伦理关系及调节原则。② 按照芒福德的思想,人类发明的技术其实是模仿了某些生物的本能,如人类建造的房屋模仿了蜜蜂筑的巢,人

---

① 〔美〕林文刚编:《媒介环境学:思想沿革与多维视野》,何道宽译,北京:北京大学出版社2007年版,第138页。

② 参见张红:《基于生态伦理视角的我国野生动物保护研究》,《国家林业和草原局管理干部学院学报》2020年第1期,第30页。

类制造的飞机模仿了鸟儿振翅飞翔，而且飞机的外形和飞鸟相似。这生动地说明了人类发明的技术并不是独立于自然生命而存在的。①

芒福德认为，技术的文化编码有男女性别之分。"工具、武器和机器的文化编码是男性"，"容器、建筑和城市的文化编码是女性"。② 容器技术的外观线条圆润，总体来看，技术特征是柔和、开放、包容的，倾向于理解和接纳；相对而言，武器技术的外观线条笔直，总体来看，技术特征是强硬、尖锐、封闭的，倾向于进攻。

技术有机论反对技术对人的压迫，主张发展人所拥有的自我实现和自我超越的潜力，主张技术和环境的和谐。生态伦理要求实现和谐、平衡，各种媒介的存在也要遵循生态伦理，保持和谐、平衡。③ 在传统媒介的传播过程中，把关人起到决定作用，传播模式的特点是单向、强硬且封闭的，文化编码是男性。然而，互联网的传播模式相对开放、包容，文化编码是女性。媒介技术之所以能不断发展，是因为人类生态需要和谐、平衡。所以，互联网技术应时而生，在报纸、广播、电视等文化编码为男性的传统媒介之后出现了。

毫无疑问，媒介的未来发展，也要遵循生态伦理，文化编码是女性的技术是未来媒介的特征，因为这种媒介能给人类更多的自由和包容。芒福德希望世界进入和谐、平衡的生态有机状态。在未来世界，进步不会终止。在这个世界上，人类大家庭可以生活在同一个屋檐下，所有人都可以在良好的生态环境中发展……④

---

① 参见〔美〕林文刚编：《媒介环境学：思想沿革与多维视野》，何道宽译，北京：北京大学出版社2007年版，第62—69页。

② 同上书，第63页。

③ 同上书，第68—70页。

④ 同上。

第三节　未来媒介对人类的延伸

在人类的科学研究中，如果一种理论能够对未来将要发生的事情做出判断，且这种判断能被证明是正确的，那么，这种理论就有独到之处。媒介环境学派的"媒介延伸理论"就是这样一种理论。

媒介环境学派的"媒介延伸理论"是一系列像"媒介是人的延伸"这样的"延伸理论"的组合，是由不同的媒介环境学学者提出的、或隐或显地包含在不同学者思想中的组合。在媒介环境学学者中，除了麦克卢汉，朗格、芒福德、莱文森和斯特雷特等都有或隐或显的媒介延伸思想，而且，他们的理论已经被媒介技术发展的历史证明，具有指导人类去判断未来媒介技术发展趋势的价值。

一、媒介是生命的延伸

麦克卢汉在1964年的《理解媒介：论人的延伸》中提出"媒介是人的延伸"；芒福德在1934年的《技术与文明》中谈到了"延伸论"思想，认为从简单的机器模仿到生物学仿真机器的发明，是对人类身体部位的延伸，[①]"容器技术是女性器官的延伸"[②]。麦克卢汉的理论和芒福德的理论的思想根基是一致的，即"媒介是生命的延伸"。我们可以从狭义上的媒介和泛媒介意义上的媒介两个方面来理解这一问题。

---

① 参见王润：《论麦克卢汉与芒福德"媒介"延伸观》，《国际新闻界》2012年第11期，第40—43页。

② 〔美〕林文刚编：《媒介环境学：思想沿革与多维视野》，何道宽译，北京：北京大学出版社2007年版，第63页。

第八章 媒介环境学观照下的媒介未来发展

狭义上的媒介指的是人们通常认为的大众媒介，如报纸、广播、电视等。关于这类媒介延伸人的器官的相关观点已经为传播学领域的研究者熟知。比如，麦克卢汉认为，广播是人类的耳朵的延伸，它帮助人们听见来自远方的声音；莱文森认为，电子媒介作为技术，延伸了人的视听感官。

媒介环境学学者研究的"媒介"，更多的是一种泛媒介意义上的媒介。对媒介环境学学者而言，凡是能负载信息的东西都是媒介。在麦克卢汉看来，除了口语媒介、印刷媒介和电子媒介，属于交通工具的轮子、自行车、汽车和飞机也是媒介，道路、数字、服装、住宅、货币、时钟、游戏也是他认为的媒介；[1] 朗格将语言、行为、物质实体等都视为媒介。所以，人类历史上的发明创造物都是媒介。这些媒介有的可以延伸心灵，如"语言不仅把工具性制造、社会互动和模仿性交流分别转化为技术、商务和艺术，而且使人脑转化或延伸为人的心灵"[2]。这样的延伸发生在口语产生的初期……像口语一样，文字、数学、科学和互联网也成为我们的心灵不可分割的一部分。[3] 有的媒介被集中在博物馆里，延伸着人类的记忆，如绘画作品是对人类美好的、忧伤的等不同记忆的延伸。人类还会通过技术加工，把"自己"的身体制成某种媒介，例如木乃伊。木乃伊是历史的碎片，是人类的某种发明创造物。从媒介延伸论的角度讲，木乃伊还是生命的延伸，因为制作木乃伊的本意可能是寄托延续生命的美好愿望。泛媒介意义上的媒介对人进行延伸的例子还有蜡像馆中的蜡像，人们通过技术将

---

[1] 参见李曦珍：《理解麦克卢汉：当代西方媒介技术哲学研究》，北京：人民出版社2014年版，第43页。

[2] 〔加〕罗伯特·K.洛根：《什么是信息：生物域、符号域、技术域和经济域里的组织繁衍》，何道宽译，北京：中国大百科全书出版社2019年版，第58页。

[3] 参见〔加〕罗伯特·K.洛根：《心灵的延伸：语言、心灵和文化的滥觞》，何道宽译，北京：中国大百科全书出版社2019年版，第61页。

历史上或者现在的名人制成媒介，这些媒介脱离了原初的生命体却又可以传递某种文明。

"媒介对生命的延伸"理论对未来的指向意义，已经在现实中显露端倪。媒介要实现的是对人类整体生命的延伸，而且，这种延伸具有极强的个性化，延伸的将是真实的、活生生的生命个体。这意味着未来媒介将创造出全新的，具有现实生活中某一个人的性格、爱好、思维等方面的特征的个体，即人类将可以把某个活生生的个体的生命转换为数据。美国有科学家正在做这样的试验。这位科学家在自己身上贴上很多感应器，记录身体运行的数据。他随身带着摄像头和录音机，记录下自己每天见过的人、吃过的饭、说过的话。试验的结果是：一段时间之后，另一个活生生的"他"呈现在电脑屏幕上。而且，这个数字化的"他"可以运动，还可以像朋友一样对人微笑、说话。①

二、媒介是媒介的延伸

"媒介是媒介的延伸"这个理论作为潜在论断，包含在麦克卢汉的另外两个论断之中："一种媒介的内容是另一种媒介"和"媒介是人的延伸"。

麦克卢汉提出"一种媒介的内容是另一种媒介"的观点，意思是：一种媒介的内容包含其他更基本的媒介。例如，一部电视剧，是电视这种媒介的内容，被包含于电视中；同时，一部电视剧，本身作为媒介，是建立在一部小说或者剧本的基础上的。媒介之中包含有其他媒介，也可以表述为：媒介是从其他媒介中生长出来的，从不同的媒介的组合中可延伸出其

---

① 参见魏一平：《大数据，想象力以及正在被改变的世界》，《三联生活周刊》2013年第48期，第50页。

他媒介。比如，一本小人书或者连环画册作为媒介，是由文字、绘画作品等媒介延伸而来的。

"媒介是媒介的延伸"理论更直接地体现在"媒介是人的延伸"这个论断中。为了更直接、形象地说明这个问题，可以从"媒介是人的延伸"这个论断与"器官投影论"的联系谈起。西方文化中的"器官投影论"认为，工具是人体器官在现实世界中的一种影子式的存在。① 之所以说这二者有关联，不仅因为它们都从技术与人体器官的角度出发论证问题，还因为麦克卢汉强调的不是媒介对人的社会性延伸，而是媒介对人的生物性延伸。② 麦克卢汉提出的"媒介是人的延伸"的论断，是从形而上学和生物学角度将人体器官和媒介技术相连。只不过，在麦克卢汉的延伸论中，媒介不再是"影子"式的存在，而是从人体延伸而来的一种非肉质的"新器官"。所以，媒介是人创造的额外器官，是人体器官的人工技术化的存在。③

既然媒介是人创造的额外器官，那么就容易理解"媒介是人的延伸"这个论断中包含的另外一个潜在论断了，即媒介是媒介的延伸。媒介延伸了人体后，已经成为人的一部分，不过它是人类感官、神经或大脑的外化，是独立于人存在的。此后，又有新的媒介产生，延伸了作为"人的额外器官"的媒介。互联网是广播、电视、小说等多种媒介的延伸，手机又是互联网和电话的延伸。而且，媒介之间可以循环延伸，如电脑是电话的

---

① 参见李曦珍、楚雪、王晓刚：《媒介是人的进化式延伸——达尔文"进化论"视阈下的麦克卢汉"延伸论"透视》，《甘肃社会科学》2011年第4期，第139页。

② 参见〔美〕丹尼斯·杰·切特罗姆：《传播媒介与美国人的思想——从莫尔斯到麦克卢汉》，曹静生、黄艾禾译，北京：中国广播电视出版社1991年版，第195页。

③ 参见李曦珍、楚雪、王晓刚：《媒介是人的进化式延伸——达尔文"进化论"视阈下的麦克卢汉"延伸论"透视》，《甘肃社会科学》2011年第4期，第139页。

延伸，有电话功能的手机又是电脑的延伸。所以，"媒介是媒介的延伸"可以说是麦克卢汉的"天鹅绝唱"另一个层面的体现：媒介总是在提升什么，再现什么，互联网提升了电话，手机又再现了互联网。

在媒介技术发展到一定水平之后，狭义上的"媒介延伸媒介"这一点更加彰显，并具有指向未来的意义。2009年，正在麻省理工学院攻读博士学位的普冉奈·米斯特里（Pranav Mistry）在 TED[①] 上公布了他的发明——"第六感科技"（Sixth Sense）。这段被媒体报道评价为"引起轰动"的13分钟的视频也成为 TED 有史以来被观看次数最多的演讲之一。演讲现场的主持人对普冉奈的评价是："在我们看到的 TED 演讲者中，我会说，有两三位是现在世界上最棒的发明者，你是其中之一。"普冉奈因此被誉为"印度天才学生"。其实，他所做的，就是将各种媒介技术集合起来，实现了狭义上的媒介对媒介的延伸。普冉奈的第六感科技包括摄像头、微型投影仪、智能手机等。通过这些设备，他可以实现对平面媒介的延伸。比如，普冉奈可以在报纸上查看即时的天气变化，还可以将随意打开的一张报纸上的任何内容的照片转换为相关内容的视频，如体育版的比赛照片可以被转为一段比赛视频，娱乐版的明星照片可以被转为一段娱乐视频。

无论是从泛媒介还是狭义媒介的角度去看，事实都是人类发明了媒介，使媒介延伸了人类，然后人类再发明其他媒介，去延伸已经作为人类的一部分存在的"额外器官"。可见，未来媒介的发展趋势之一是延伸人类已经创造了的现有媒介，并且，在对人类现有媒介进行第二次、第三次

---

① TED 是美国一家非营利机构，宗旨为"用思想的力量来改变社会"。这个机构设有基金会，并为杰出、有创意的人才设立奖项。它在全球集合多领域的人才召开大会，分享思想者和行动者的前沿创意和思考。

乃至第 N 次延伸的基础上，不断发展。

三、媒介是世界的延伸

媒介环境学家朗格的思想不仅有益于媒介环境学的理论基础的建设，还给"媒介是世界的延伸"这个理论提供了宝贵的思想支持。

虚拟时空等词语对现在的传播学学者而言，是熟悉的词汇。其实，相关词汇在 20 世纪中期就已经存在了。朗格在 1953 年的著作《情感与形式》和 1957 年的著作《艺术问题》中就谈论到这些词汇。尼斯特洛姆认为，"朗格把虚拟时间、虚拟现实这些术语从物理学家的领域里解放出来，把它们送进符号、代码和媒介的人文主义研究的普通词汇中……实际上，《情感与形式》中研究的几乎就是虚拟空间、时间和现实，以及如何用不同的符号形式对它们进行构建和操作的问题"①。在《艺术问题》中，朗格也谈到了虚拟时空问题。她认为，如果一个艺术家要将"有意味的形式"抽象出来，他就必须从一个具体的形体中去抽象……要让人们把艺术品直接看作是表现情感和生命的形式，就必须使它与自然脱离，这种脱离是通过创造一个纯粹的空间形象，或一个虚幻的空间来实现的。②

朗格还提出了她对"媒介"的理解，并在此基础上，结合虚拟时间等概念，表达了"媒介延伸世界"的思想。朗格的思想，可以按照以下逻辑顺序进行阐释：

其一，人类能体验到的世界分为思想和情感两部分，这两部分可以用朗格划分的两种符号来表现，即推理性符号（严格地说就是语言）和表现

---

① 〔美〕林文刚编：《媒介环境学：思想沿革与多维视野》，何道宽译，北京：北京大学出版社 2007 年版，第 233 页。

② 参见〔美〕苏珊·朗格：《艺术问题》，滕守尧译，南京：南京出版社 2006 年版，第 41 页。

性符号（可以说是除语言外的其余一切形式）。

其二，朗格研究的媒介是泛媒介意义上的媒介，"内容是表达形式的媒介""媒介是特定场合下形式的物质体现"。

其三，人类的思想和情感是形式。这意味着人类的思想和情感可以通过语言、绘画、摄影、电影、电视、广播等多种媒介表达。

其四，思想通过推理性符号逻辑地表达，情感通过表现性符号艺术地表达。艺术地表达出来的世界是虚拟的，用朗格的语言说，就是"虚幻时间""幻象"。

在朗格看来，舞蹈、音乐、电影等艺术形式，也就是媒介，创造了虚幻世界。所以，艺术在表达人类情感的同时，也延伸了人类生存于其中的真实世界。例如，电影是由事件展开的空间构成的——一个虚幻的有创造力的想象。[1] 在雕塑和建筑这类艺术中，被创造出来的想象的虚幻性有着自己独特的空间，这种空间不与物理空间或实际空间发生联系……它们创造的虚空是另外一种空间幻象。[2]

媒介对世界的延伸可分为三部分：其一，泛媒介意义上的媒介如艺术对时空的延伸；其二，狭义的传统媒介和新媒介对世界的延伸；其三，泛媒介意义上的媒介对真实世界中的物品的延伸。

前两部分内容指的都是直接以媒介为中介的延伸，即通过人类创造的媒介来延伸世界。第三部分内容指的则是以媒介为中转站的延伸，即从人类生存的真实世界中的物品中延伸出来媒介，再通过此媒介去创造一个虚

---

[1] 参见〔美〕苏珊·朗格：《情感与形式》，刘大基、傅志强、周发祥译，北京：中国社会科学出版社1986年版，第482页。

[2] 参见〔美〕苏珊·朗格：《艺术问题》，滕守尧译，南京：南京出版社2006年版，第44页。

拟世界。上述三部分内容可用如下式子表示：

【式子1】音乐、戏剧、雕塑等→虚拟世界

【式子2】广播、电视、互联网等→虚拟世界

【式子3】人类所用物品，如桌子、衬衣等→互联网、手机、照相机等→虚拟世界

对应媒介发展的实践，理解上述前两部分的内容比较容易。可用于说明第一部分内容的例子有：绘画创造空间幻象；可用于说明第二部分内容的例子有：人类可以在互联网上用以一个账号或形象代表的虚拟身份进行交流。

狭义的媒介也好，泛媒介意义上的媒介也好，延伸出来的世界都是虚拟世界。即使媒介（如电子游戏里的世界）延伸出的世界给人类的感觉很真实，也不能改变它是虚拟世界这一本质。但是，这不意味着真实世界和虚拟世界之间一定泾渭分明。对于未来媒介而言，上文谈到的第三部分内容在今天已经初露端倪，这也是未来媒介的发展趋势之一，即媒介可以是对人类生存的真实世界中的任何物体的延伸。

"未来媒介延伸真实世界中的物品"在现实中已经存在，只是尚处在"小荷才露尖尖角"的状态。然而，这株"小荷"指向未来的意义已经十分明确。例如，普冉奈通过自己设计的装置，可以在真实世界的物体上呈现虚拟的显示屏。他可以在公交车的地板上打电子乒乓球；可以在一张普通的纸上浏览网页、看电影；可以在墙面、桌面、朋友的T恤衫等物体上看视频、处理文档；可以用手指比出照相机的形状生成照片。总之，他可以把任何物体表面变成显示屏，并在其上执行电脑的功能。

未来媒介有可能实现真实物理世界和媒介虚拟世界间的自由切换和无缝衔接。正如普冉奈所说，他的一个初衷是想填平数字世界和真实世界间

的鸿沟，他希望任何人都可以享受无缝连接的虚拟和真实世界。

根据媒介延伸理论，未来媒介的发展包括三方面：延伸人类的生命、延伸人类创造的媒介，以及延伸人类生存于其中的真实世界。要做到这几点，就需要运作好大数据，因为所有延伸都需要通过数据去转化、去实现，需要以数据的方式完成。从这个角度可以说，大数据发展的一个重要意义就在于为人类实现上述三种延伸提供服务。比如，制作延伸人类生命的可穿戴设备时，就需要将关于我们的身体、情感、行为等的信息转换为数据，并处理这些数据。虽然一切技术都是人的延伸，可是它们都会被转化成数据。① "由于电网的全球性，人类已经实现了深度互联，即人与人的互联，也是人与永久更新的数据库的相互联系，而数据库又与物质世界相联系。全世界正在成为一个活跃的共生数据库，不断被使用，不断在演化。"② 对数据的分析和应用，从狭义媒介诞生起即受到人类重视。对大数据的分析和应用，更是未来媒介研究工作的重点。

媒介是具有生命力的能量旋风。不管在历史上还是今天，媒介技术作为一种革命力量改变和颠覆人类的生活，从来不是一件稀奇的事情。作为改变时代和划分时代的标志而存在，早已是媒介对人类社会的价值之一。印刷机作为变革的动因催生了文字，文字作为媒介改变和颠覆了人类世界，所以爱森斯坦有感想而著书；电子媒介影响社会行为，令传统意义上的地域消失，改变和颠覆了人类世界，所以梅罗维茨有所感而写作。随着媒介技术的飞速发展，"未来媒介会使社会的某个阶段性特征消失，从而

---

① 参见〔加〕罗伯特·K.洛根：《心灵的延伸：语言、心灵和文化的滥觞》，何道宽译，北京：中国大百科全书出版社2019年版，第61页。
② 〔加〕德里克·德克霍夫：《文化的肌肤：半个世纪的技术变革和文化变迁（第二版）》，何道宽译，北京：中国大百科全书出版社2020年版，第28页。

改变和颠覆世界",这样的说法并不夸张。

世界是我们的,世界又是媒介的。媒介就是我们的另一个世界,媒介就是另一个我们。我们不得不感慨芒福德、麦克卢汉等媒介环境学家的思想的伟大。他们的理论,既被媒介技术的历史证明是正确的,又对于指导媒介技术的未来具有重大意义。在直接或间接地对媒介延伸理论的诞生、发展做出贡献的媒介环境学家中,莱文森、斯特雷特是当今活跃的学者,他们正在亲历媒介技术的急遽变化;尼斯特洛姆经历过21世纪初的急剧变化的新媒介环境。然而,也有学者并没有亲身经历21世纪风起云涌的媒介技术革新,比如朗格、芒福德和麦克卢汉。所以,更确切的说法应该是:媒介环境学家的理论从诞生的那天起,就指引着媒介技术的发展方向。

附录1　莱文森的媒介探索之旅
（莱文森教授音频文字版）

I'm Paul Levinson. I finished my PhD at New York University in the Media Ecology program in 1979 and my doctoral dissertation was entitled "Human Replay: A Theory of the Evolution of Media". And in that dissertation I developed my Anthropotropic theory of media evolution. That's a big word in English. I'm not sure how it would be translated into Chinese. What it comes from is anthropology which means having to do with human beings. So anthropo means human and tropic comes from tropism, which is a tendency to grow towards something. So we say that plants are heliotropic—plants grow towards the Sun, which is Helio. So anthropotropic means towards human. And in my doctoral dissertation, I described how media have evolved towards increasing human performance. Black and white, photography and television were replaced by color photography and color television. Why? Because in the real world, we human beings see in color. And the Internet itself can be considered an anthropotropic development, because it satisfies what we want to do in our imagination, communicating with anyone, any place in the world about anything immediately.

Now, I didn't know about the Internet back in 1979 but in "Human Replay" I said that someday we will have media which will allow anyone, anyplace in the world to have access to any information regardless of where it might be any place else in the world. Well, it was about 20 years until I published my next book, called *The Soft Edge: A Natural History and Future of the Information Revolution*—and that came out in 1998—in which I looked very carefully at the history of media and in particular about current media back then, digital media, and how they fit into my anthropotropic theory. A year or two later I published *Digital McLuhan* in which I showed how the work of Marshall McLuhan back in the 1960s in effect predicted the Internet. That's what McLuhan was talking about when he said the world was becoming a global village.

Of course, back then in the 1960s there were no international global media. The best we had back then were national villages. People in each of their own countries could all watch and hear the same thing, but not internationally. It wasn't that McLuhan had some sort of direct vision into the future. It was more that he understood the process of media development. So clearly that he saw that it was headed towards a world in which everyone was interconnected, which of course is the way it is now in 2019. Well a year or two after that I published my book *Real Space: the Fate of Physical Presence in the Digital Age, On and Off Planet*. And in that book I argued that, although we are making great strides in cyberspace and in digital communication, that can and will never replace face-to-face communication and complete full physical interaction in the real world because that's the way we are as a species.

We can't help but communicate in the real world as a species. And if you think about it, even as communications media have developed right alongside of them so have transportation technologies. So we now can travel around the world more easily than ever before. We travel off the planet itself, in space. And the point of this book is that the two—communication and transportation—will continue to work hand in hand. About a year after that I published my book *Cell Phone*. That book focused on a specific medium, the cell phone, but I realized back then—and this was a few years before smart phones were introduced—and I realized back then, even before the smart phone that what the cell phone was doing was becoming the media of media, like the Internet itself beforehand where you could email, you could watch videos, you could listen to music, you could listen to people talking the way you are listening to me right now, and I realized as cell phones were becoming more popular that pretty soon we would have cell phones that would connect us to the Internet and everything that we do on the Internet.

Well about five or six years after that I published a book called *New New Media*. And what I meant by that term new new media is we all know what new media are. But what new new media are is something more than everyone being able to log onto Amazon to listen to music on iTunes, to read about news and see news and various online sites. What new new media have done is giving us the ability to be not only consumers, but producers of everything that's on line. So now many of my books on Amazon, were not only written by me but published by me. So as a writer, I am not only someone who can read other people's work on Amazon. I'm not only someone whose books have been published by traditional publishers and they're on Amazon that way, but I'm someone who can directly write books and then directly put them on Amazon.

And the same is true of my music. My album *Twice Upon a Rhyme*, I recorded it back in 1972 before there ever was an Internet. But now it's on Spotify, Amazon, Apple Music, and so on. And in most of those cases I put it there directly myself.

So that's a sort of tour, a summary of my nonfiction, but I also should mention that beginning in the 1990s I began writing and publishing science fiction as well. My novel *The Silk Code*, my first published novel, explores the possibility that Neanderthals may have survived into the present age and the way they communicate—Neanderthals—is via music. And this is a very basic and important concept. Anthropologists have suggested that before we as a species could speak, we were able to sing, because music is a more basic aspect of our lives, than even speech. Even little babies that can't yet understand language respond to music.

Then in *The Consciousness Plague*, I explored the possibility, what if there was an antibiotic that crossed the blood brain barrier and got into our brains and killed bacteria that help make us conscious, via their—the bacteria's—communication. And in *The Pixel Eye*, I explore the possibility that squirrels and other rodents could be implanted with chips in their brains that would make them perfect spies. So watch out next time you see a squirrel looking at you. And then in *The Plot to Save Socrates*, that's a time travel novel, in which Sierra Waters, a graduate student in 2042, goes back in time and tries to save Socrates from the hemlock and from himself. And in *Unburning Alexandria*, the sequel to that, Sierra Waters tries to rescue some books from the Ancient Library of Alexandria. So that gives you an idea of my science fiction. And I'm glad to talk to you like this, because next time you read any of my works, perhaps you'll hear my voice. You'll remember my voice from listening to this audio.

我是保罗·莱文森。1979年，我在纽约大学获得媒介环境学博士学位，我的博士论文题目是《人类历程回放：媒介进化论》。在那篇论文中，我发展了媒介进化的人性化趋势理论。"anthropotropic"这个词在英语里很重要，我不知道该怎么翻译成中文。它来自人类学，这意味着它与人类有关。"anthropo"的意思是人，而"tropic"指的是倾向性，是一种向某物生长的趋势。所以，我们说植物具有向阳性——植物向着太阳生长。所以，人性化趋势指的是（媒介）向着符合人性的趋势发展。在我的博士论文中，我描述了媒介是如何向符合人性的趋势进化的。黑白摄影和黑白电视被彩色摄影和彩色电视所取代，为什么？因为在现实世界中，我们人类看到的世界是彩色的。互联网本身可以被认为是媒介人性化发展理论的体现，因为它满足了我们的想象，让我们能做在想象中想要做的事情，即与世界上任何地方的任何人就任何事情进行即时沟通。

1979年，我还不知道互联网，但我在博士论文中说过，总有一天，会有一种媒介能让世界上任何地方的任何人都可以获得任何信息，（被获得的）信息可能存在于世界的任何地方。大约20年后（1998年），《软边缘：信息革命的历史与未来》出版了。我在书中非常仔细地研究了媒介的历史，特别是当时的媒介——数字媒介，观察它们是如何适应我的人性化趋势理论的。一两年后，我出版了《数字麦克卢汉》一书，在这本书中，我展示了马歇尔·麦克卢汉在20世纪60年代的著作中是如何预测互联网的，也就是麦克卢汉所说的，世界正在变成一个地球村。

当然，在20世纪60年代，还没有全球性的国际媒介。那时我们拥有的最好村庄是民族村，在那里每个国家的人都能看到和听到同样的事情，但（这种民族村）并不是国际化的。麦克卢汉之所以能预言地球村，并不是因为他对未来有某种直接的预见，而是因为他了解媒介发展的规律。所以，他清楚地看到，媒介正在走向一个人人相互联系的世界，2019年的情况就是如此。《数字麦克卢汉》出版后一两年，我又出版了《真实空间：飞天梦解析》。在这本书中，我认为，尽管我们在网络空间和数字通信方面取得了巨大的进步，但这永远不会取代面对面的交流，也永远不会取代现实世界中的真实互动，因为这些是我们作为一个物种存在的方式。

作为一个物种，我们可以在现实世界中交流。你仔细想想，随着传播媒介的发展，交通技术也随之发展，我们现在比以前更容易环游世界，我们离开地球，进入太空。这本书的重点是，传播和交通这两个领域将继续携手合作。《真实空间：飞天梦解析》出版后大约一年，我出版了《手机》。这本书集中讨论一个特定的媒介：移动电话。但是，当时（智能手机在此后几年才出现）我意识到，移动电话在做的是"构成媒介的媒介"。就像互联网出现之前，你可以使用电子邮件，你可以观看视频，你可以听音乐，你可以听别人说话，就像你现在听我说话一样。我意识到，随着移动电话越来越受欢迎，很快它们就会让我们和互联网实现连接，并且让我们可以做能在互联网上做的一切。

大约五六年之后，我出版了一本名为《新新媒介》的书。我们都知道什么是新媒介，我用"新新媒介"这个词语，指的不仅是每个人都能登录亚马逊、在iTunes上听音乐、阅读新闻以及浏览新闻和各种在线网站。新新媒介所做的是，让我们不仅成为消费者，而且成为所有在线内容的生产者。所以，现在我在亚马逊上的很多书，不仅是我写的，而且是我出版的。作为一个作家，我不仅是一个可以在亚马逊上阅读别人作品的人、一

附录1　莱文森的媒介探索之旅（莱文森教授音频文字版）

个书籍被传统出版商出版的人，而且是一个可以直接写书，然后直接将其放到亚马逊上的人。

我的音乐也是如此。我的专辑《押韵两次》，在1972年还没有互联网的时候就录制完成了，但现在它已经出现在声田（Spotify）、亚马逊和苹果音乐（Apple Music）等网站上。在上述大多数情况下，我直接把它们放在那里。

所以，这是一次旅行，是对我的非小说类作品的总结。但我也应该提到，自20世纪90年代，我开始写作和出版科幻小说。《丝绸密码》是我出版的第一部小说，它探讨了尼安德特人活到今天的可能性，以及他们通过音乐进行交流的方式。这（音乐）是一个非常基本和重要的概念。人类学家曾提出，在人类作为一个物种能够说话之前，就已经会唱歌了，因为音乐和讲话相比，是我们的生活中更基本的内容，即使还不能理解语言的婴儿也会对音乐做出反应。

然后，在《意识瘟疫》中，我探索了一种可能性：如果有一种抗生素能穿过血液屏障，进入我们的大脑，并且能通过和细菌的交流，杀死帮助我们保持意识的细菌，会发生什么？在《像素眼》中，我探索了在松鼠和其他啮齿类动物的大脑中植入芯片的可能性，并认为这将使它们成为完美的间谍。所以，下次你看到松鼠看着你的时候，一定要小心。在《拯救苏格拉底》这部穿越小说中，在2042年，一名研究生西拉·沃特斯回到了过去，试图把苏格拉底从铁杉木和苏格拉底自身中解救出来。在《未燃烧的亚历山大》中，主人公试图从亚历山大古图书馆中抢救一些书籍。这就是我的科幻小说。我很高兴和你们这样交谈，因为下次你们读到我的某部作品时，可能会听到我的声音。听了这段音频，你们会记住我的声音。

附录2　麦克卢汉的思想糖果店
（莱文森教授视频文字版）

McLuhan loved to apply Greek myths to our present age, and in this case he was talking about the Greek myth regarding Narcissus. And he wrote a little chapter regarding Narcissus narcosis. I am sure most of you have heard the story. I won't repeat it in great length, but the gist of it is this was an incredibly good looking young man who pretty much fell in love with his own reflection. And his favorite pastime was looking into pools of water and gazing wistfully at himself. And some Greek nymphs came by and tried to interest him in other things, but no. Narcissus was just totally engaged in looking at his reflection, and by the way there are several endings of that story. My favorite one is he was so much in love with his own reflection that he tried to reach into the water and get it and fell in and drowned.

It's a little apocalyptic but that's, you know, something that McLuhan back in 1964 was able to say: when we watch television, we are really looking at our own reflections. We're not literally seeing ourselves but we see ourselves in what we see in our media. And that's why it's so engrossing. Well that sounds very

附录 2　麦克卢汉的思想糖果店（莱文森教授视频文字版）

familiar because you hear people today talking about news bubbles, right? And they tend to blame Facebook and Twitter. You know, we surround ourselves with news that just reinforces our own opinions. And that's true enough. But it didn't begin with Facebook and Twitter. It began long before that. And McLuhan was talking about it in 1964.

Now you can go back two years before that to *The Gutenberg Galaxy*. And this of course was one of Marshall McLuhan's most famous ideas or concepts or percepts or whatever you feel like calling it. You've all heard about it: the global village.

So in 1962, there was the Telstar satellite. So that's probably what got Marshall McLuhan thinking about that. But there wasn't much of a global village. In fact, there was no global village in 1962. There were national groups that watch television. But there weren't villages. Because in the village people interact. But people who watched television in 1962, all they were doing was watching. They weren't communicating. So it is really a village of voyeurs. Almost, like, you know, if you want to get into horror movies—*Village of the Damned*. But you don't have to get that apocalyptic, either. But the point about that is: here is McLuhan writing this in 1962. And if you look at the age we live in now and have lived in for a good couple of decades already, that is a global village. We put the announcement of this event upon Facebook. And in addition to all of you good people who came here, 100—150 people said they were interested. And those people for the most part don't live in New York. If they did say they were interested and lived in New York, I'm going to keep track of them if they didn't come. But most of those people couldn't get here. But if you look at Facebook it is an embodiment of the global village.

But my favorite of Marshall McLuhan's tools—and it's tough to choose, because light-on-light-through, that's great. You know when you begin to understand McLuhan's ideas you're like a kid in a candy shop because everything is fascinating. But my favorite has always been the tetrad. And if you're talking about predicting, the tetrad has in it, in its four-part structure, at that four-part structure, literally something that points at the future. So let's do a tetrad on television, which was a big deal in the 1960s and 70s.

First part of the tetrad is it amplifies or enhances something. What does television amplify or enhance? Well, immediate audio-visual communication. What does that obsolescence? Radio—television replaced radio. Jack Benny moved from radio to television. Now he had a little bit of a problem because he was getting pretty old already and that's why he started saying I'm thirty-nine when he was about a-hundred-and-nine. Nobody knew what he looked like on radio. But he had a very successful television show. By the way, as Eric [McLuhan] correctly pointed out and as I'll get to in a couple of minutes, this didn't mean that radio was dead. Not at all. It just meant that radio had been pushed into the background. That's what obsolescence is. Or to use the Gestalt psychology term, television pushed radio from figure into ground.

The third part of the tetrad is it retrieves something—something which previously had been pushed into the background. And in the case of television, it retrieved the audio visual mode of communication. But the most interesting part of the tetrad, I always thought, was the fourth. And it went under several names. Sometimes it's called reversal. Sometimes McLuhan likes to say television "flipped into" something else. If you think about the tetrad as a wheel you can think of it as a rolling on the wheel. So what did the television flip into? Well back in the 1970s, when I first became aware of the tetrad—and this is one of the fun things about tetrad, you can have all kinds of possibilities that can be plugged into its structure—so back in the 1970s, what was television going to flip into? Well one possibility was holography—two dimensional television becomes three dimensional. Guess what, that didn't happen. And I was actually talking about that, so unlike Eric and Marshall and those people back in the 1960s, that was a prediction that still hasn't happened. But another possibility was the sort of regimentation, needlessly dictatorial television by appointment that network television insisted upon in those days. Well cable television overthrew that. And so traditional network television burst into cable television and many other things as well.

You can say that television would burst into the Internet. Which is another kind of screen? In fact, Neil Postman, who was my dissertation adviser at NYU [New York University], didn't like the Internet because he thought it was a kind of television. And I always tried to tell him, well it's related to television, but it's not television because it's what television has flipped into. In 2003, I realized that something very significant was happening again with television. And my daughter Molly is here in the audience—I feel like Donald Trump, introducing his daughter in the audience—but in the Fall of 2003, one day Molly said to me: Dad, did you hear about this show *Alias*? And I don't know how many of you've have heard of *Alias*, it was Jennifer Garner's first big show. Great series. On conventional network television, I think it was ABC. And so Molly said to me: hey you know, this is a really good show, you might like it. But there was a problem with my liking it. And that's because, in 2003, *Alias* was beginning its third season. So who wants to, like, start reading the book in the middle? Well, here is one of the ways I used my professorship at Fordham University, for better or worse. I wrote an email to, I guess, the publicity people at ABC. I said: hey, I'm doing a study on *Alias*. I was hoping I could get my every single episode of *Alias*.

By the way, just to show you how honorable I am, I did actually write an article on *Alias* published in the Smart Pop series of books on popular culture. That was about two years later, and I didn't know then I was going to write it when I asked for the episodes. But I discovered, and I didn't quite realize it then but it was getting me to realize, that television had flipped and reversed into something very profound and unexpected. And we have a name for it today. We call it binge watching.

麦克卢汉喜欢把希腊神话运用到我们这个时代。在这里,他讲了关于那喀索斯的希腊神话。他还写了一小章关于那喀索斯的自恋的故事。我相信你们大多数人都听过这个故事,我不会过多地重复。故事的主要意思是,一个长相俊美的年轻人,几乎爱上了自己的倒影。在闲暇时光,他最喜欢做的事是看着水池里的水,痴痴地凝视自己。一群希腊美少女走过来,想转移他的注意力,但是没有成功,他依然全神贯注地看着自己的倒影。顺便说一下,这个故事有好几个结局。我最喜欢的一个是,他太爱自己的倒影了,于是试着把手伸进水里,想把倒影捞上来,结果掉进水里淹死了。

这有点儿像启示录,但你知道,麦克卢汉在1964年说过:当我们看电视时,我们实际上是在看我们自己的映像。我们并不是真的看到了我们自己,而是看到了在媒介上呈现的"我们自己"。这就是它(媒介)如此引

附录 2 麦克卢汉的思想糖果店（莱文森教授视频文字版）

人入胜的原因。这听起来很耳熟，因为今天你会听到人们谈论新闻泡沫，对吧？他们倾向于指责 Facebook 和 Twitter。你知道，我们身边的新闻只会强化我们自己的观点。这是千真万确的。但这并非始于 Facebook 和 Twitter，而是在那之前很久就开始了。麦克卢汉在 1964 年就谈论过这个问题。

现在你可以回到在那之前的两年前（1962 年）《谷登堡星汉璀璨》一书出版的时候。在这本书里，马歇尔·麦克卢汉提出了他最著名的思想、概念、感知，或者随便你怎么称呼它，那就是你们都听说过的——地球村。

1962 年，有了 Telstar 通信卫星，这可能就是马歇尔·麦克卢汉思考地球村的原因。然而，那时还没有什么地球村。事实上，1962 年根本没有地球村。那时，有全国性的群体在收看电视，但没有村庄。原因在于，在村子里人们有互动，但是，1962 年看电视的人所做的就是看电视，彼此没有交流。所以，这真的是一个偷窥者的村庄。这就好比，如果你想看一场恐怖电影——《遭诅咒的村庄》。但是，你也不需要能预测（启示）未来。重点是：这是麦克卢汉 1962 年所描述的情景。如果你看看我们现在所处的时代，已经在其中生活了几十年的时代，它就是一个地球村。比如，我们在 Facebook 上宣布了这一事件（我们现在生活在地球村）。除了在座的所有人，还有 100—150 人表示感兴趣，而这些人大多不住在纽约。如果他们真的说过对这一事件感兴趣，而且真的住在纽约，那么如果他们不来，我就可以跟踪他们。但是，大多数人都无法到达这里。你可以看看 Facebook，它就是地球村的化身。

但说到我最喜欢的马歇尔·麦克卢汉的工具……这很难选择，因为

（麦克卢汉的概念）光反射/光穿过①，这很棒。当你开始理解麦克卢汉的思想时，你就像一个站在糖果店里的孩子，因为一切都很迷人。然而，我最喜欢的一直是四元律。如果你在谈论对未来的预测，那么四元律的四部分结构中包含这种预测，它们指向未来。因此，让我们做一个关于电视的四元律分析。这在20世纪六七十年代是件大事。

四元律的第一部分是放大或强化某物。电视放大或强化了什么？好的，是即时的视听交流。这意味着什么过时了？收音机——电视取代了收音机。杰克·本尼从收音机转向了电视。现在，他已经很老了，这就是为什么他说他39岁时，其实大约有109岁了。没有人知道他在广播里是什么样子。②但是，他负责一个非常成功的电视脱口秀节目。顺便说一下，正如埃里克（麦克卢汉的儿子）正确地指出的那样（我稍后会提到），这并不意味着广播已经消亡。绝对不是这样。这只是意味着收音机被推到了后台。这就是过时（四元律的第二部分），或者用格式塔心理学的术语来说，电视把收音机从图形推到了背景。③

---

① "光反射/光穿过"是麦克卢汉的概念，当我们阅读印刷的书页时，光是从书页上反射过来的；当我们在电影院看电影时，光是从屏幕上反射过来的；但当我们看电视时，光是穿过银屏过来的。麦克卢汉认为，这使得电视的功能更加强大。莱文森同意麦克卢汉的观点。根据2020年7月24日对保罗·莱文森教授的电邮访谈。

② 杰克·本尼是一名电视节目中的喜剧演员，喜欢以自嘲的方式开玩笑，他从1950年（当时他已经50多岁了）开始做电视节目到1974年去世，每年都在电视上说自己39岁。其实他看起来不是39岁了。他39岁时的样子是他做广播节目时的样子。媒介的发展，使得他也开始做与当时的新媒介——"电视"相关的工作。因为收音机是用声音传播的，所以听众看不见他从事相关工作，也就是年轻时的样子。电视是用图像和声音传播内容的，观众能看见他的样子。然而，他已经老了，人们看不见他在另一种只传播声音的媒介中的样貌了。根据2020年6月23日对保罗·莱文森教授的电邮访谈。

③ 在格式塔心理学家看来：在受众眼中，图形与背景是可以相互转换的，有些对象可以突出出来成为图形，有些对象可以退居到衬托地位而成为背景。"电视把收音机从图形推到了背景"指的是收音机退居到了衬托地位。

附录2 麦克卢汉的思想糖果店(莱文森教授视频文字版)

四元律的第三部分是它再现了一些东西——一些之前被推到后台的东西。在电视这个例子中,它再现了交流的音频和视觉模式。但是,我一直认为四元律中最有趣的部分是第四部分。它有好几个名字。有时它被称为反转。有时,麦克卢汉喜欢说,电视"突然变成了"别的东西。如果你把四元律想象成一个轮子,你可以把它想象成轮子的"滚动"。那么,电视变成了什么呢?早在20世纪70年代,当我第一次知道四元律时,我发现它的一个有趣的地方在于,你可以想象各种各样被"放入"它(四元律)的结构的可能性。所以,回到70年代,电视会反转成为什么?一种可能性是全息摄影——二维电视变成了三维电视。你猜怎么着?那没有发生。实际上,我在谈论的不是埃里克和马歇尔以及60年代的那些人的预测,他们的预测至今也没有实现。我谈论的是另一种可能性——管制,那种在传统电视网时代被坚持的、毫无必要的对电视的管制。有线电视颠覆了这一切。因此,传统的电视突然变成了有线电视,还有很多其他的东西。①

你可以说电视将突然爆发成为互联网。这是另一种景象。事实上,我在纽约大学的论文指导老师尼尔·波斯曼并不喜欢互联网,因为他认为互联网是一种电视。我总是试图告诉他,它与电视有关,但它不是电视,因为它是由电视转化而来的。2003年,我意识到在电视行业又发生了一件非常重要的事情。我的女儿莫莉就在观众席上——我感觉自己就像唐纳德·特朗普,在介绍坐在观众席中的女儿。但是,在2003年的秋天,有一天莫莉对我说:爸爸,你听说过《双面女间谍》吗?我不知道你们有多少人听说

---

① 在传统电视网时代,在录像机出现之前,如果你想看的节目是在周四晚上8点播出,意味着你别无选择,你必须在那个时候才能收看。家用录像机摆脱了收看电视节目被限制的状态。而有线电视则完全颠覆了这种情况,有线电视在一周的不同时间、不同日期播放同样的节目。因此,传统的电视突然变成了有线电视。——根据2020年6月23日对保罗·莱文森教授的电邮访谈。

过《双面女间谍》，这是珍妮弗·加纳主演的第一部大型系列电视剧——伟大的剧集，在传统的电视网上播出，我记得是美国广播公司。莫莉对我说：嘿，你知道，这是一个很好的节目，你可能会喜欢。但是，在我这边有一个问题。《双面女间谍》在 2003 年已经开始播出第三季。然而，谁愿意从中间开始读一本书呢？好吧，于是，我利用了我在福特汉姆大学的教授身份，不管这么做是好是坏。我给美国广播公司的宣传人员（我猜的）写了一封邮件。我说，嘿，我在研究《双面女间谍》，我希望我能拿到这部电视剧的每一集。

顺便说一下，只是为了向你们展示我是多么的幸运。我真的写了一篇关于《双面女间谍》的文章，并被收入 Smart Pop 流行文化系列丛书。那是大约两年后的事了，当我请求获得这些剧集的时候，我并不知道自己要写相关的文章。但我发现，我当时并没有完全意识到（虽然已经开始形成意识），电视已经逆转为一种非常深刻和让人意想不到的东西。今天，我们为它起了一个名字。我们叫它"狂欢式观看"。

后　记

在国内传播学研究的轨道上，长期以来，呼啸奔驰的是承载着传播学两大学派思想的列车，一列是北美主流经验学派，另一列是批判学派。

2000年以来，各国传播学界拓宽视野，开始关注媒介环境学派。伴随着这一发展，国内传播学界对麦克卢汉等媒介环境学家日益熟悉，也越来越重视这个正在崛起的学派。媒介环境学派逐渐步入传播学发展的主要轨道，和经验学派、批判学派形成三足鼎立的局面。

随着研究内容的增多、研究范围的拓宽，以及研究程度的加深，我们发现媒介环境学面对的挑战越来越多，因此需要解疑释惑，推进研究进程。

社会科学研究容易陷于见木不见林的微观考察，也可能过于空疏，沉迷于凌空蹈虚的泛泛而谈。以英尼斯、麦克卢汉等为代表的媒介环境学派，强调的是媒介技术给社会、文化带来的深远影响。这一视角是宏观的，所以我们的研究也是如此。学术观点也好，学者、学派也罢，都不是孤立存在的。本书的一个特点，就是基于系统论的思维，倡导持开放、融合的态度，尝试从不同角度去观察、理解媒介环境学。

媒介环境学就像一座高山，抬眼望去，国外的攀爬者已经登峰造营，国内的攀爬者却略显稀少。然而，越往上走，越能发现，这座高山居然如此风景秀丽、珍宝遍地。欣喜之际，自然期待有更多的攀爬者加入，一同见证这绮丽、美妙的景色。

可喜的是，媒介环境学的魅力正吸引着更多的学者。2019年11月，深圳大学举办了媒介环境学前沿思想论坛，来自海内外多所高校的30余位专家、学者参会。会上，何道宽教授主持翻译的"媒介环境学译丛（第一辑）"正式发布。这一盛会和系列译著的出版，将积极推动国内媒介环境学的发展。

媒介技术的发展越是波谲云诡、越是热闹喧嚣，就越需要发挥媒介环境学的研究优势。希望本书能为新闻传播学领域的专家、学者和从业者提供参考，为拓宽新闻传播学的研究视野、推动媒介环境学的发展贡献微薄之力。

感谢钱诗雨、陈安其、罗少强、姜毓鹏、李博远、蒋东鑫为本书相关内容提供的技术支持。深深感谢所有帮助和支持过我的人，感谢你们给予我的温暖。人生路漫漫，我将继续奋进！

本书的出版，得到了北京大学出版社的大力支持。北京大学出版社的编辑工作之严谨、认真、耐心、细致令人赞叹不已，特别感谢周丽锦、武岳两位老师为本书的策划和编辑所付出的努力！谨向出版社和为本书的出版付出了极其辛苦的劳动的编辑老师致以诚挚的感谢！

在本书的写作过程中，本人参阅了大量的专著、论文等资料，在此谨向这些专著、论文的作者致以衷心的感谢！由于本人水平有限，书中难免存有不足之处，敬请广大读者批评指正。

梁　颐

2020年6月于北京家中